CUBA

SERGIO GUERRA VILABOY, docteur en philosophie à l'Université de Leipzig, historien, professeur titulaire, chef du département d'Histoire de l'Université de La Havane, ancien secrétaire exécutif de l'Association des historiens latino-américains et caribéens (ADHILAC). Fait partie des conseils de rédaction de plusieurs revues, dont Tzintzun y Ulúa (Mexique), Investigación y Desarrollo (Colombie), Kó-Eyú Latinoamericano (Venezuela) et Contexto Latinoamericano, d'Ocean Sur. A donné des conférences dans différentes universités et publié, entre autres ouvrages : Paraguay: de la independencia a la dominación imperialista (1991), Los artesanos en la revolución latinoamericana (2000), El dilema de la independencia (2000), Cinco siglos de historiografía latinoamericana (2003), Historia de la Revolución Cubana (2005), Breve historia de América Latina (2006) et Ernesto Che Guevara (2007).

OSCAR LOYOLA VEGA, docteur en sciences historiques et professeur titulaire, a été vice-doyen (1993-1997) de la faculté de philosophie et d'histoire de l'Université de La Havane, où il préside la Commission du doctorat. A donné des conférences dans des universités de plusieurs pays et publié comme coauteur, entre autres ouvrages : La Guerra de los Diez Años (1989), Cuba y su historia (1999) et Historia de Cuba. Formación y liberación de la nación (2001).

CUBA
UNE HISTOIRE

Sergio Guerra Vilaboy
Oscar Loyola Vega

Ocean Press
www.oceanbooks.com.au

ISBN 978-1-921700-35-4
Library of Congress Catalog Card Number 2011936294

Première édition : 2012
Imprimé à Mexico par Quad/Graphics Querétaro, S.A. de C.V.

PUBLIÉ PAR OCEAN PRESS

Australia: PO Box 1015, North Melbourne,
           Victoria 3051, Australia
USA: 511 Avenue of the Americas, #96
           New York, NY 10011-8436, USA
E-mail: info@oceanbooks.com.au

DISTRIBUTEURS D'OCEAN PRESS

United States and Canada: Consortium Book Sales and Distribution
           Tel: 1-800-283-3572 www.cbsd.com
Australia and New Zealand: Palgrave Macmillan
           E-mail: customer.service@macmillan.com.au
UK and Europe: Turnaround Publisher Services
           E-mail: orders@turnaround-uk.com
Mexico and Latin America: Ocean Sur
           E-mail: info@oceansur.com

Ocean Press
www.oceanbooks.com.au

www.oceanbooks.com.au
info@oceanbooks.com.au

Table des matières

1
Des peuples originaires
à la plantation esclavagiste

Archipel cubain et population aborigène

Christophe Colomb arriva à l'île de Cuba, sur la côte nord de la région orientale, le 27 octobre 1492. L'archipel cubain, formé d'une grande île, de plusieurs îles plus petites et de centaines d'îlots, étonna les Espagnols par la variété de sa flore, la beauté de ses paysages et la douceur de son climat. Des montagnes pas trop élevées (le point culminant, le pic Turquino, fait 1 974 mètres), des cours d'eau paisibles (le plus long est le Cauto, 343 kilomètres), faisaient de Cuba un territoire très agréable aux yeux des Européens.

On calcule que la présence d'aborigènes à Cuba remonte à environ dix mille ans. Les premiers groupes arrivèrent des régions du Mississippi et de la Floride, à travers l'île de Grand Bahama, dans des conditions géographiques différentes de celles d'aujourd'hui ; plus tard, des vagues de migrants du tronc commun Arawak provenant du Venezuela, aussi bien à travers l'Amérique centrale que par l'arc antillais, constituèrent la véritable population insulaire et continuaient d'arriver en 1492.

La classification des aborigènes reste complexe. Certains les ont appelés Guanahatebeyes, Ciboneyes ou Taïnos, tandis que d'autres études plus solides les distribuent en chasseurs, pêcheur-collecteurs, proto-agriculteur et agriculteurs. Ces populations étaient très loin d'avoir atteint la complexité culturelle et le développement des peuples originaires du continent. Certains groupes pratiquaient l'agriculture et la poterie, et tous utilisaient le feu, chassaient, pêchaient et cueillaient des aliments. Ils produisaient du tabac, du maïs et du manioc, et vivaient dans de petits hameaux, sur la terre ferme ou au bord des cours d'eau.

À l'arrivée des Espagnols, certaines communautés présentaient déjà une complexité supérieure, ensevelissaient leurs morts et s'étaient dotées d'un début de distribution interne de fonctions entre le chef civil ou cacique, le behique ou chef religieux, et le reste de la communauté. Elles pratiquaient aussi des jeux collectifs (batos) et la danse (areíto), et tentaient de représenter le monde environnant dans des pictographies. Le débarquement des Espagnols paralysa le développement interne des groupes arawak cubains qui disparurent presque totalement devant la poussée des colonisateurs européens.

Conquête et colonisation

En se lançant dans son équipée maritime, Colomb avait prétendu atteindre l'Asie, concrètement les régions de Cipango et Catay, en faisant le tour du monde, au point que les Capitulaciones de Santa Fe, signées entre le Grand Amiral et les Rois catholiques, Isabelle et Ferdinand, avaient précisé les parts de richesses qui reviendraient aux contractants et aux marins.

Or, cette richesse — surtout l'or et l'argent dont l'économie capitaliste en langes en Europe était avide — n'existait pratiquement pas à Cuba, si bien que Colomb donna la priorité à l'île Hispaniola (aujourd'hui Saint-Domingue et Haïti) où il fonda le premier établissement humain espagnol. C'est à son second voyage (1493) que Colomb longea la côte sud de Cuba et arriva près du cap San Antonio, à l'extrémité ouest, et contraignit son équipage à signer un document attestant que Cuba était de la « Terre-ferme », une terre continentale. De retour à Hispaniola, il continua de donner la préférence à celle-ci, ce qui explique pourquoi la couronne espagnole se désintéressa de Cuba pendant plus d'une quinzaine d'années.

Ce n'est qu'en 1508 que Nicolás de Ovando, gouverneur de Saint-Domingue, reçut l'ordre d'explorer Cuba par mer, ce dont fut chargé Sebastián de Ocampo, qui fit le tour de cette nouvelle terre et démontra qu'il s'agissait d'une île. Les querelles intestines entre la couronne espagnole et Diego Colomb, fils et héritier du Grand Amiral et nouveau gouverneur d'Hispaniola, expliquent pourquoi l'entreprise de la conquête et de la colonisation de Cuba fut confiée à Diego Velázquez, et non à Bartolomé, le frère de Christophe.

Velázquez atteignit C par la région de Maisí. Compte tenu du peu de résistance que les Indiens pouvaient opposer, il n'eut pas de mal à accomplir ses instructions. Le gouverneur fonda la première ville, Nuestra Señora de la Asunción de Baracoa, fin 1510 ou début 1511. C'est de là qu'il organisa la découverte du reste de l'île : un brigantin sur la côte Nord ; une colonne au Centre conduite par Francisco de Morales, qui fut très vite remplacé par Pánfilo de Narváez, très lié à Velázquez ; celui-ci, par le Sud. De fait, la résistance des aborigènes fut très faible, exception faite du cacique venu d'Hispaniola, Hatuey, brûlé finalement sur le bûcher, si bien que la Conquête dura peu de temps.

Six nouvelles villes furent fondées de 1512 à 1515 : San Salvador del Bayamo, la Santísima Trinidad, San Cristóbal de La Habana, Sancti Spíritus, Santa María del Puerto del Príncipe et Santiago de Cuba, qui se substitua à Baracoa comme siège du gouvernement insulaire. Certaines villes se déplacèrent ensuite à leur site définitif.

La mise en place d'une colonie de peuplement, selon la conception espagnole, jetait les bases d'affrontements futurs entre la couronne, par le biais de ses fonctionnaires, et l'organe supérieur de direction local, le cabildo (conseil municipal) formé de regidores (conseillers municipaux) qui élisaient un maire parmi eux. Au fil du temps, le cabildo finit par devenir une oligarchie toujours plus fermée, dont les intérêts spécifiques différaient en fonction des régions et se heurtaient bien souvent à ceux de la métropole. En plus du gouverneur de l'île, les principaux fonctionnaires espagnols à Cuba étaient le veedor ou factor, le contador (comptable) et le tesorero (trésorier) ; le cabildo disposait aussi d'un représentant à la Cour, nommé le procurador. On ne saurait oublier que l'Église catholique était très présente, dans la mesure où la catéchisation des aborigènes était une obligation prioritaire.

L'un des intérêts fondamentaux des conquistadores, l'or, fut déçu à Cuba qui ne possédait pas de grands gisements de ce minerai. Ils purent en obtenir de petites quantités en faisant laver le sable aurifère des cours d'eau aux indigènes, un travail exténuant, mais tout termina en 1542. L'exploitation du bétail bovin, porcin et équin déplaça le travail des mines comme nouveau poste économique, aussi bien pour consommer sur place que pour l'exporter vers les nouveaux territoires continentaux déjà conquis. Le bétail prospéra énormément sur les terres boisées de Cuba. Les Européens durent toutefois se décider à consommer les produits de l'agriculture aborigène, comme le manioc avec lequel les indigènes préparaient une galette, dite cassave, qui remplaçait le pain, et surtout le tabac dont l'importance économique n'allait cesser de croître lentement.

Sans autorisation, Velázquez distribua les terres des indigènes aux Espagnols qui faisaient partie de ses troupes. On sait par exemple que le cabildo de Sancti Spíritus, suivant une pratique déjà bien établie, distribua en 1536 les terres des environs, ce qu'on appelait mercedar. Cet octroi ne modifiait pas la situation juridique de la propriété — la terre appartenait au roi — mais donnait le droit de l'utiliser en versant l'impôt correspondant aux monarques et à l'Eglise. Les mercedes furent octroyés sous différentes modalités, dont les estancias ou haciendas, les hatos et les corrales. La contradiction entre l'usufruit légal et la carence de droit juridique allait engendrer à très long terme, dans l'histoire de Cuba, de très graves problèmes pour le développement du capitalisme dans l'île.

Mais ce ne sont pas seulement les terres que les Espagnols distribuèrent : ils en firent aussi des indigènes. Connue sous le nom d'encomienda, cette distribution liait l'indigène à l'Espagnol non sous la forme de l'esclavage classique, mais sous celle du servage. Les encomendados travaillaient de quatorze à seize heures par jour, déracinés de leur environnement familial et culturel. Dans cette société aborigène peu développée qui ignorait l'exploitation de classe, le système de l'encomienda, opérant de concert avec les malades importées par les Européens, provoqua une véritable hécatombe parmi les indigènes, d'autant que leur reproduction naturelle avait été brutalement interrompue. L'absence de Blanches eut pour conséquence un grand métissage entre Indiennes et Espagnols, dont les descendants s'incorporèrent en majorité, à cette étape germinale, au secteur, non indigène, mais européen.

Pour résoudre le problème de la force de travail, il fallut, dès la première décennie de la colonisation, introduire des Noirs africains, bien plus résistants aux rigueurs de l'exploitation que les doux indigènes. Ainsi donc, les Noirs arrivèrent à Cuba dès le début même de la colonisation, d'abord en petites quantités sporadiques, puis d'une façon stable, introduisant un nouveau facteur de métissage. Les univers culturels africains très divers commencèrent à se mêler rapidement à la culture hispano-aborigène en formation. Certains traits actuels de la nation cubaine commencèrent à s'engendrer, grâce à cette symbiose, dès le milieu du XVIᵉ siècle.

Économie et société créoles

L'économie de l'île évolua lentement, en accord avec les priorités que l'Espagne imposait aux nouveaux territoires américains. Cuba souffrit au début une perte de population en raison de la conquête du Mexique et d'expéditions comme celle d'Hernando de Soto à la Floride. Les Espagnols qui n'abandonnèrent pas l'île s'y adoptèrent plus vite qu'on aurait pu le penser. Dès le milieu du XVIᵉ siècle, une nouvelle génération d'habitants, nés pour la plupart dans la plus grande île des Antilles, faisait noter sa présence dans le monde colonial naissant.

L'élevage bovin conserva toute son importance aux XVIᵉ et XVIIᵉ siècles, voire dans la première moitié du XVIIIᵉ siècle, en sa double fonction de produit alimentaire et de poste d'exportation. D'énormes exploitations pastorales, distribuées sous forme de hatos, dessinaient le paysage et signalaient la forme d'appropriation de la terre. Mais elles commencèrent très vite à sentir la concurrence de l'agriculture commerciale, ce qui posa les bases de leur dissolution future.

Planté dans des vegas au bord des cours d'eau, le tabac constituait d'ores et déjà une culture spécialisée que les Espagnols apprirent des indigènes et qui n'exigeait pas beaucoup d'esclaves, ni de gros investissements de capitaux ni de grandes étendues de terres, et dont la consommation accrue en Europe réclamait une production croissante à Cuba. Ce à quoi il faut ajouter la culture de plantes alimentaires à destination des habitants des villes, en particulier de La Havane. On peut donc comprendre que les haciendas d'élevage aient subi les coups d'une agriculture plus rentable. Le gouvernement espagnol et les cabildos s'efforcèrent de protéger le très puissant groupe des hacendados, mais les besoins croissants de la couronne — explicables par l'alimentation massive de soldats et de marins — et les revenus fiscaux que les produits agricoles apportaient au trésor royal provoquèrent que la législation fût très irrégulière, si bien que les procès entre agriculteurs et hacendados remplirent de très nombreux pages dans l'histoire initiale de Cuba.

Le monopole de la couronne espagnole sur le commerce, instauré dès le début de la colonisation à travers la Casa de Contratación de Séville, se fit sentir avec une force spéciale à Cuba qui recevait de la métropole juste les produits indispensables. C'est à partir de la création définitive, en 1566, du système de flottes que les navires de tout le continent américain commencèrent à se regrouper à La Havane qui devint de la sorte le port le plus important du Nouveau Monde : les galions ne devaient censément rester que quelques semaines dans la capitale, mais, compte tenu des retards habituels, ils y séjournaient pendant plusieurs mois, ce qui stimula la production et la vente de nombreux articles.

Ce système de flottes fit aussi se multiplier dans la capitale, d'une manière étonnante, la quantité de tavernes et d'auberges, ce qui entraîna corrélativement le développement de la prostitution, surtout de Noires esclaves que leurs maîtres autorisaient à « gagner leur vie ». C'est pour protéger les richesses qui s'entreposaient à La Havane que la métropole fit construire sur les rives de la baie les forteresses de la Real Fuerza, de la Punta et des Tres Reyes del Morro, ce qui fit de la capitale la ville la mieux fortifiée d'Amérique. Les familles éminentes du cabildo qui s'associèrent aux affaires en rapport avec le séjour des flottes finirent par accumuler des capitaux considérables qui facilitèrent l'essor économique enregistré au XVIIIᵉ siècle.

Livrées à leur sort, les villes de province, qui ne bénéficiaient pas des avantages du système de flottes, virent se développer rapidement un commerce illégal, irrégulier, appelé « de contrebande » ou « de rançon », avec des corsaires et des pirates anglais, français et hollandais, qui se faisait à travers les cours d'eau et les nombreux accidents géographiques des côtes cubaines. En échange des produits de leur terre, les habitants de ces villes recevaient les produits que l'Espagne n'acheminait pas dans l'île. En fait, habitants et autorités régionales espagnole participaient de concert à ce commerce auquel la couronne tenta souvent de mettre frein, mais sans succès. Ainsi, quand Melchor Suárez de Poago, représentant du gouverneur Pedro Valdés, s'efforça de contrôler l'énorme contrebande que réalisaient les habitants de Bayamo au début du XVIIe siècle, son dossier d'instruction fut annulé à l'audiencia de Saint-Domingue.

Les corsaires des nations ennemies de l'Espagne débarquaient fréquemment à Cuba, entre autres Francis Drake, Francisco Nau, Henry Morgan et Gilberto Girón. Ce dernier fit même prisonnier en 1604 à Bayamo l'évêque Juan de las Cabezas Altamirano, qu'un Noir esclave de la zone parvint à libérer, cet épisode ayant donné lieu à la première composition poétique de thème cubain écrite dans l'île : Espejo de Paciencia. C'est pour éviter des attaques plus graves que l'Espagne tenta d'imposer des contrôles administratifs et valida une réalité qui remontait à 1553 : le transfert de la capitale à La Havane.

Elle divisa de même l'île en deux administrations : celle de Santiago de Cuba et celle de San Cristóbal, la première subordonnée à la seconde. Curieusement, les villes du Centre, Trinidad, Sancti Spíritus et San Juan de los Remedios, n'étant tombées sous aucune administration, leurs habitants jouirent d'une certaine autonomie pendant des décennies. C'est dans le cadre de ces contrôles que s'inscrivent les Ordenanzas de Cáceres, promulguées en 1574 par l'oidor Alonso de Cáceres, qui réglementaient de nombreux aspects de la vie économique et sociale de l'île.

Le système des flottes favorisa un certain développement urbanistique de la capitale, dont la construction de l'Église paroissiale majeure entre 1550 y 1574, et celle des couvents de Santo Domingo et de San Francisco, en 1578 y 1584, respectivement ; ainsi que le percement de la Zanja Real, en 1592, pour alimenter la ville en eau. En revanche, les progrès dans d'autres localités furent inexistants, et l'évolution du réseau urbain fut uniquement complétée par la création de deux établissements humains importants : Santa Clara y Matanzas.

L'intérêt de la monarchie espagnole pour le développement de l'agriculture commerciale cubaine se matérialisa en 1717 dans le monopole (estanco) du tabac, autrement dit dans l'achat en gros de la récolte annuelle par la Real Hacienda, qui imposa les prix à sa guise ; la production non acquise sous cette forme devait être détruite. Les vegueros (planteurs de tabac) protestèrent fortement, mais sans rien obtenir. La tension ne cessa de grandir entre 1717 y 1723, année où les agriculteurs tentèrent d'incendier les entrepôts de tabac de La Havane, si bien que le gouverneur Gregorio Guazo les réprima brutalement et en pendit plusieurs. Cet épisode est un bon exemple des affrontements qui existaient déjà entre les Espagnols d' « Espagne » et les habitants d'outre-mer.

Le système de monopole connut un nouveau renforcement au milieu du XVIIIe siècle avec la création de la Real Compañía de Comercio de La Havane, dotée de capitaux insulaires et ibériques, avec participation de la couronne : la compagnie importait et exportait toutes sortes d'articles, esclaves y compris. Ses actionnaires, spéculant sur la production et la commercialisation, obtinrent de solides dividendes qui ne furent bénéfiques qu'à la capitale, laquelle continua de se développer sur les plans urbain et culturel, comme le prouvent la création du Real Tribunal del Protomedicato, chargé de réglementer le travail des dentistes, des médecins et des apothicaires, l'introduction de l'imprimerie en 1723 et surtout la construction, en 1728, de l'Université de La Havane, un vieux rêve insulaire enfin réalisé. La capitale, qui comptait près de la moitié de la population entière de l'île (100 000 habitants), était en 1762 la principale ville des Caraïbes et d'Amérique centrale.

C'est justement cette année-là que fut révélée toute l'importance de La Havane dans le cadre de la guerre franco-anglaise déclenchée par le Pacte de famille signée l'année précédente entre la France et l'Espagne : l'Angleterre décida de s'en emparer. Elle fit débarquer à proximité une expédition gigantesque de plus de dix mille hommes qui, au terme d'une lutte acharnée, s'empara de la colline de La Cabaña et de la forteresse d'El Morro, et contraignit les autorités à se rendre. Pendant onze mois, tout l'Ouest de Cuba fut soumis à la domination ce qui, tout en ne modifiant en rien les structures traditionnelles, libéralisa l'entrée des esclaves et donna une grande impulsion au commerce, en particulier avec les Treize Colonies d'Amérique du Nord, un contact initial qui eut des conséquences capitales dans l'histoire postérieure de l'île.

En fin de compte, l'Espagne put récupérer La Havane après un échange. L'important, toutefois, c'est que, alors que les fonctionnaires espagnols n'avaient pas fait grand-chose pour ne pas perdre la ville, ses habitants et ceux des localités voisines, conduits par José Antonio Gómez, Pepe Antonio, le maire de Guanabacoa, luttèrent dans une union fraternelle — Blancs, Noirs, voire esclaves — pour l'empêcher de tomber aux mains des Britanniques, les créoles faisant preuve par là d'un fort sentiment d'appartenance à leur terre. Une fois la ville récupérée, l'Espagne, consciente de son importance, la fortifia encore plus par la construction de la forteresse de La Cabaña. L'intérêt de la principale puissance européenne pour la capitale cubaine prouvait que des temps nouveaux approchaient et que des changements socio-économiques se profilaient lentement à l'horizon.

Apparition et évolution de la plantation

La plantation esclavagiste fut le système productif déterminant à Cuba pendant un siècle, depuis la fin du XVIIIᵉ siècle jusqu'à 1886. Elle ne vit pas le jour dans l'île, puisqu'elle existait déjà dans les autres Antilles et, surtout, aux États-Unis et au Brésil. On entend par plantation esclavagiste un système socio-économique qui permet de produire des matières premières tropicales pour le marché mondial à partir d'une main-d'œuvre constituée d'esclaves, généralement importés d'Afrique.

Plusieurs facteurs se sont conjugués pour permettre à la plantation de se déployer dans les conditions concrètes de Cuba : l'accumulation de capitaux aux mains de l'oligarchie havanaise ; l'implantation du despotisme illustré par la monarchie espagnole qui utilisa des méthodes de gouvernement plus efficaces ; la Révolution en Haïti, qui détruisit la production de café et de sucre dans cette colonie ; la présence de fortes personnalités au sein du conseil municipal de La Havane, tel Francisco de Arango y Parreño, qui nouèrent des relations solides avec le gouvernement espagnol ; le règlement de libre-échange entre l'Espagne et les Indes promulgué en 1778 qui libéralisa dans une certaine mesure le monopole commercial ; l'accroissement rapide de l'entrée à Cuba d'esclaves indispensables à un décollage, et la grande quantité de terres encore disponibles.

Du point de vue géographique, la plantation s'étendit à Cuba à travers les provinces actuelles de La Havane, dans ses parties Est et Sud pas encore urbanisées, d'Artemisa et de Matanzas, avec des emplacements importants à Sagua la Grande, à

Cienfuegos, à Trinidad, à Santiago de Cuba et à Guantánamo. Du point de vue de son expansion, on peut dire que la plantation s'étendit d'est en ouest, remplissant d'usines à sucre la région de La Havane et de Matanzas. Trapiche, ingenio et central, tels sont les noms qui les identifient de la plus petite à la plus grande, et qui traduisent bien l'industrie sucrière dans toute sa complexité. Inutile de dire qu'une production de sucre accrue dans les plantations impliquait toujours plus de Noirs esclaves et libres, toujours plus d'habitants espagnols, de meilleures voies ferrées de communication, de plus gros progrès scientifiques et culturels. La plantation détruisit dans une grande mesure l'hacienda, imposant son univers d'idées à tous les secteurs de la société cubaine et établissant les caractéristiques fondamentales contemporaines de ce peuple antillais.

Réforme, annexion et esclavage

Le corpus d'idées dérivées de la plantation répondit dans une bonne mesure à la nécessité de justifier et de maintenir l'esclavage. Dans le cas spécifique de Cuba, ce corpus reçut, d'un point de vue théorique, la connotation de réformiste. Située aux moments de décollage du sentiment nationaliste cubain, la plantation a aussi généré les germes du nationalisme indépendantiste qui caractérisa la seconde moitié du XIXe siècle. Majoritaires dans l'étape comprise entre 1790 et 1868, les conceptions réformistes ne furent pas homogènes, de sorte qu'on peut les concevoir, compte tenu de leurs variantes, comme un ensemble très divers de conceptions qui couvrent depuis la problématique de l'esclavage jusqu'aux liens juridiques avec l'Espagne. Plutôt que d'un réformisme, il faudrait parler de réformismes.

Toute analyse des idées réformistes doit d'entrée préciser leurs sources nourricières, qui furent dans le cas cubain le meilleur de la pensée libérale espagnole, tels Gaspar Melchor de Jovellanos et Francisco Pi y Margall ; la pensée latino-américaine associée au processus d'indépendance continentales ; les conceptions libérales bourgeoises engendrées aux États-Unis, et ayant exercé une influence croissante à Cuba ; et surtout le libéralisme bourgeois européen qui façonna la Révolution française de 1789 et se développa à partir d'elle. Le libéralisme bourgeois cubain, de nature réformiste, ne copia jamais mécaniquement les facteurs qui lui étaient nécessaires, mais amalgama au contraire les sources susmentionnées, les adaptant aux conditions de l'île et produisant sur cette base un corpus d'idées d'une telle validité — sur des aspects nationalistes et culturels déterminés — qu'il atteindra l'étape contemporaine.

Dans la première moitié du XIXᵉ siècle, Francisco de Arango y Parreño fut le principal idéologue du réformisme bourgeois à Cuba. Profond connaisseur et défenseur des Lumières européennes, il fut l'esclavagiste le plus représentatif du démarrage de la plantation. Ses conceptions, qui impliquaient une fierté croissante de son appartenance à Cuba, bien qu'il confondît encore la patrie espagnole et la patrie cubaine, révèlent les traits fondamentaux du réformisme durant toute son évolution. Pour lui, Cuba était uniquement pour les Blancs, qui constituaient la nationalité naissante, tandis que la traite d'esclave et l'économie de plantation étaient indispensables au développement antillais qui pouvait se réaliser dans le cadre de la monarchie espagnole sans que l'île eût à se séparer d'elle. D'où son rejet des idées indépendantistes. Ses démarches à Madrid lui permirent d'obtenir de gros avantages pour le secteur esclavagiste qu'il représentait.

Le réformisme d'Arango donna de très bons résultats jusqu'au moment historique de l'indépendance continentale. La libération de l'Amérique et la disparition des Lumières espagnoles sous le règne de Ferdinand VII modifièrent les relations entre Cuba et l'Espagne, celle-ci voulant obtenir dans celle-là les richesses perdues par suite de l'indépendance du reste de l'Amérique latine. Aussi la couronne octroya-t-elle au Capitaine général (ou gouverneur), en 1825, des facultés exceptionnelles et expulsa-t-elle en 1837 les députés cubains élus aux Cortès. À compter de la décennie de 1830, Cuba cessa d'être considérée comme partie intégrante du royaume pour devenir une très utile colonie sucrière qu'il était légitime d'exploiter. Cette réalité hispanique, de pair avec la maturation croissante du sentiment national dans des groupes sociaux nouveaux et toujours plus importants, entraîna le remplacement du réformisme bourgeois des grands esclavagistes, dans le second tiers du XIXe siècle, par le réformisme que prônaient d'autres secteurs de la population.

C'est le scientifique social José Antonio Saco qui représenta véritablement la nouvelle mouture du réformisme. Défenseur tenace de la nationalité cubaine, dénonciateur audacieux des maux du colonialisme, Saco prit la tête de jeunes intellectuels, parmi lesquels se signala l'éducateur et philosophe José de la Luz y Caballero ; éloignés des intérêts du réformisme des grands esclavagistes, ils suivirent la route tracés par l'évêque Juan José Díaz de Espada qui s'inscrivait dans les réclamations des couches intermédiaires de la population insulaire. La lute pour l'élimination de la traite négrière présupposait à terme la disparition de l'esclavage. Les critiques du système de gouvernement espagnol contribuèrent beaucoup à faire prendre conscience à différents secteurs des maux du colonialisme. Le départ de Saco en 1834 et la maladie progressive de Luz y Caballero minèrent l'efficacité éventuelle du réformisme petit-bourgeois des années 30 du XIXe siècle.

Le réformisme bourgeois se manifesta de nouveau fortement dans la décennie de 1870, sous le gouvernement du Capitaine général Francisco Serrano, duc de la Torre et mari d'une Cubaine éminente. La plantation présentait d'ores et déjà de forts symptômes de crise, et ses produits dépendaient toujours plus du marché étasunien, si bien que les tenants de ce réformisme utilisèrent dans leurs revendications un langage bien plus mesuré qu'à des époques antérieures. Le groupe réformiste, conduit à présent par José Morales Lemus, prôna différentes réformes économiques et politiques et l'abolition de l'esclavage après indemnisations. Convoqué à une Assemblée d'information à Madrid en 1866-1867, ce groupe se heurta à une fin de non-recevoir de la part de la monarchie qui, au contraire, implanta un nouvel impôt sans abolir les précédents. Ignorés par la métropole, les réformistes cubains virent ainsi passer leur dernier grand moment historique avant que l'indépendantisme ne vienne se substituer à eux dans l'arène politique.

Il faut analyser un cas spécial dans la mouvance réformiste : la tendance – forte à un moment donné – de rattacher Cuba aux États-Unis, autrement dit l'annexionnisme, qu'on ne peut analyser à partir de prémisses contemporaines, mais en le situant dans les réalités historiques de l'époque. Le développement atteint par les USA, l'existence au sud de ce pays d'un puissant régime esclavagiste et les documents républicains qui régissaient la vie étasunienne expliquent, entre autres facteurs, l'essor d'un mouvement annexionniste à Cuba, surtout dans l'Ouest du pays, de 1840 à 1854.

Narciso López – d'origine vénézuélienne – qui avait été général de l'armée espagnole et qui vivait à Trinidad, se mit au service du Club de La Havane pour tenter d'éviter, en 1850-1851, l'abolition éventuelle de l'esclavage en prenant la tête d'expéditions annexionnistes financées par des Sudistes qui avaient intérêt à briser l'équilibre interne de l'Union obtenu entre États esclavagistes et États non esclavagistes. Ces tentatives — caractérisées par leur sordidité esclavagiste — n'eurent qu'un seul point positif : la création du drapeau cubain. López fut condamné au garrot, et, la Grande-Bretagne ayant offert à l'Espagne des garanties qu'elle n'exercerait pas de pressions pour qu'elle abolisse l'esclavage à Cuba, ce courant entra en franche décadence.

Mais l'annexionnisme, toutefois, ne fut pas homogène. Sa cellule fondamentale dans l'Ouest était constituée de propriétaires d'esclaves qui luttaient d'arrache-pied pour empêcher l'abolition. Dans d'autres régions, surtout à Trinidad et Camagüey, les tenants de l'annexionnisme, dont le porte-parole était l'hacendado de Camagüey, Joaquín de Agüero, exécuté par le colonialisme, étaient motivés par leur intérêt de tirer parti du développement et des libertés du Nord des États-Unis, ce qui impliquait une abolition radicale ; ils coïncidèrent dans le temps avec les annexionnistes de l'Ouest sans que leurs programmes se recoupent pour autant.

Une conception indépendantiste forte et solide se développa à l'époque de l'économie de plantation, même si ce n'était pas la tendance prédominante. Associé dès son départ au surgissement et à l'évolution de la nationalité, l'indépendantisme se manifesta en littérature à travers le poète José María Heredia qui dota la culture et la pensée cubaines d'un corpus d'idées indispensable que ses continuateurs reprirent à leur compte.

Des groupes et classes sociales différents des esclavagistes tentèrent pour leur part de créer un État national. À cet égard, il faut mentionner la conspiration — découverte en 1812 — que dirigea le Noir affranchi José Antonio Aponte, sous l'inspiration de la Révolution haïtienne. De leur côté, les couches intermédiaires organisèrent les conspirations dites Soleils et foudres de Bolivar (1822) et Grand Légion de l'aigle noir (1829-1830) qui, bien que démantelées par le gouvernement colonial, prouvèrent que l'île n'était pas complètement coupée du mouvement révolutionnaire en marche sur le continent, et mirent en lumière la force que prenaient les couches moyennes urbaines, surtout celles de La Havane qui comptait en 1817 plus de 120 000 habitants.

Dans la première moitié du XIXe siècle, le principal tenant de l'indépendantisme fut le prêtre Félix Varela y Morales. Professeur de Constitution au séminaire San Carlos de La Havane, député aux Cortès espagnoles en 1822 et abolitionniste radical, il fut en butte aux persécutions de la couronne qui l'obligèrent à s'exiler aux États-Unis où il publia un journal résolument indépendantiste, El Habanero, entre 1824 et 1826. Son éthique, son sens du devoir patriotique, son identification avec l'indépendantisme sur le continent et le qualité de ses élèves — José Antonio Saco, José de la Luz y Caballero, entre autres — en firent la personnalité cubaine la plus importante de son époque.

On ne saurait manquer de signaler une des caractéristiques fondamentales de l'économie de plantation : la naissance et l'évolution de la culture cubaine. Celle-ci, dont la source nourricière principale fut l'Espagne mais qui fut toujours ouverte aux meilleurs acquis universels, réadapta dès les premiers moments l'héritage européen, américain et africain, assimilant ce qu'il lui fallait et le convertissant en quelque chose de nouveau en fonction de la vie nationale. L'histoire, la pédagogie, la littérature, la musique, le journalisme, l'économie, la démographie, l'architecture, les sciences naturelles, la médecine et la philosophie, pour n'en mentionner que quelques-unes, furent des branches de savoir qui furent excellemment cultivées. D'importants collèges formèrent plusieurs générations de futurs patriotes, même si l'éducation des enfants noirs n'existait quasiment pas. La culture nationale sut se hisser, en ces temps coloniaux, à la hauteur que demandait une société très jeune.

2
Les guerres d'indépendance

La révolution de 1868

Différents facteurs expliquent le déclenchement de la guerre anticoloniale à Cuba, dont la très dure exploitation espagnole et le mûrissement du sentiment national. La conspiration se développa dans l'Est du pays, une région non associée à l'économie de plantation esclavagiste, ses promoteurs ayant été des figures marquantes du secteur des gros propriétaires terriens, soutenus par des intellectuels révolutionnaires et surtout par des paysans blancs et noirs. Lancée par l'avocat et exploitant Carlos Manuel de Céspedes à partir de son domaine La Demajagua, le 10 octobre 1868, la révolution de 1868, connue comme la Guerre de Dix Ans (1868-1878), s'étendit rapidement et compta parmi ses principales figures Ignacio Agramonte, Francisco Vicente Aguilera, Pedro Figueredo, Salvador Cisneros, Máximo Gómez et Antonio Maceo. Le programme révolutionnaire original, élaboré par Céspedes, apparut dans le Manifeste du 10 octobre.

Profitant du facteur surprise, la Révolution parvint à survivre, et les différents groupes en armes — les insurgés portaient le nom de mambis — adoptèrent à Guáimaro, les 10 et 11 avril 1869, une Constitution qui établissait la République de Cuba et instaurait la division bourgeoise classique en trois pouvoirs (exécutif, législatif et judiciaire), l'appareil militaire étant subordonné au premier. Cette structure, favorisée par la crainte du caudillisme militariste en place dans les républiques latino-américaines déjà indépendantes, aggrava le poids de la branche civile sur les décisions politiques et militaires.

Céspedes fut élu président de la République, et la Chambre des représentants s'attela à la tâche d'élaborer un corpus de lois qui se substituerait à la législation espagnole traditionnelle. Le gouvernement de Madrid, qui devait faire face aux problèmes surgis de la révolution de septembre 1868, lança au départ quelques timides tentatives de conciliation puis, à compter d'avril 1869, appliqua une politique de « guerre à mort », revitalisant les anciens corps de volontaires, si bien que la moindre entente devint impossible entre les deux adversaires.

Quasiment privés d'une aide extérieure, les insurgés cubains acquirent peu à peu une expérience militaire et de la confiance dans leurs propres forces. Des tâches historiques essentielles à accomplir — indépendance nationale et abolition de l'esclavage — la seconde, qui semblait avoir été réglée dans la Constitution de Guáimaro, connut différents aléas jusqu'en décembre 1870, où fut déclarée l'abolition définitive. La guerre contre l'Espagne sur le terrain permit de réduire beaucoup le clivage existant entre les deux races fondamentales qui composaient le peuple cubain, ce qui fut là un pas résolu vers l'intégration de la nation. Sur le théâtre d'opérations — près de 65 000 kilomètres carrés, où environ 5 000 mambis se battaient contre presque 100 000 Espagnols — les Cubains libéraient lentement les zones rurales, tandis que l'Espagne maintenait sa domination sur les villes et les villages.

Les relations s'aigrirent entre le pouvoir exécutif et le pouvoir législatif, surtout après la déposition, en décembre 1869, du général en chef, Manuel de Quesada, beau-frère de Céspedes, auquel la Chambre reprocha de vouloir réclamer plus de liberté pour l'appareil militaire. Ce poste ne fut plus jamais couvert, si bien que chaque général dut adopter les mesures qu'il jugeait pertinentes dans sa région, sans aucun contrôle central. L'émigration cubaine aux États-Unis, déchirée par des querelles intestines, aida à peine les insurgés mambis.

Pour y remédier, Céspedes dépêcha Quesada aux USA comme son émissaire personnel, mais l'émigration se divisa dès lors en deux clans : les partisans de Quesada (les quésadistes) et ceux de Miguel Aldama (les aldamistes), un hacendado de La Havane. Même l'arrivée de vice-président cubain en personne, Francisco Vicente Aguilera, ne put réconcilier les deux camps.

Plusieurs nations latino-américaines exprimèrent leur appui à la République de Cuba, mais leur faible développement économique les empêcha d'aller au-delà des simples déclarations d'intentions et d'agir concrètement. De nombreux jeunes du continent vinrent toutefois combattre pour la liberté de l'île, dont, pour ne citer qu'eux, Juan Rius Rivera, Portoricain, et José Rogelio Castillo, Colombien, qui finirent par devenir généraux.

Le président des États-Unis, Ulysses Grant, fidèle à la politique traditionnelle de son pays vis-à-vis de Cuba, ne reconnut pas la belligérance des insurgés, entrava les actions de l'émigration patriotique en leur faveur, condamna la guerre de Cuba dans ses messages au Congrès et appuya l'Espagne en lui fournissant les informations requises. Se valant du secrétaire d'État, Hamilton Fish, Washington fit échouer en 1874 un beau plan de la Colombie consistant à acheter à l'Espagne l'indépendance de Cuba par une contribution monétaire de chaque nation américaine. La politique des USA durant toute la guerre fut de maintenir l'île aux mains de l'Espagne tant qu'ils ne pourraient s'en emparer eux-mêmes.

Plusieurs événements survenus durant le premier quinquennat de la guerre s'avèrent essentiels pour en comprendre le cours : l'invasion de la région de Guantánamo par Máximo Gómez, en 1871 ; l'exécution de huit étudiants de médecine innocents à La Havane, à la suite des exigences des volontaires espagnols, toujours en 1871 ; la mort au champ d'honneur d'Ignacio Agramonte à Jimaguayú, en 1873 ; la déposition de Céspedes, toujours en 1873, à cause de ses différends avec la Chambre des représentants, à Bijagual, et sa mort à San Lorenzo en 1874 ; la capture du général Calixto García à San Antonio de Baja; le fait que les principales batailles (Naranjo, Mojacasabe et Las Guásimas), se déroulèrent en 1874 dans la région de Camagüey sous la conduite du premier des généraux mambís, Máximo Gómez. Les aléas de la politique espagnole — monarchie, république, restauration avec Alphonse XII — facilitèrent dans une certaine mesure les succès des insurgés.

Début 1875, à la tête de moins de deux mille hommes, Máximo Gómez, chef des provinces de Camagüey et de Las Villas, entreprit d'envahir le territoire de cette dernière pour pouvoir porter ensuite la guerre vers l'Ouest du pays. Les mambís franchirent la trocha Júcaro-Morón — une ligne de fortifications militaires coupant l'île en deux — et détruisirent une grande quantité de sucreries et d'exploitations, cette politique étant connue comme celle de la « torche incendiaire ». Parallèlement, ils affranchissaient les esclaves. Le pouvoir colonial dans l'île commença à vaciller, mais des problèmes internes au sein de la Révolution empêchèrent les mambís de poursuivre leur campagne d'Invasion.

Gómez avait demandé à la Chambre des représentants de lui dépêcher des renforts, une fois l'Invasion engagée. Or, le moment venu, les troupes de l'Oriente sélectionnées dans ce but se réunirent, à l'appel de figures très proches du général Vicente García, à Lagunas de Varona où les amis de celui-ci, les proches de Céspedes — le président déchu — et les soldats qui ne voulaient pas, par esprit de clocher, aller combattre en Las Villas, réclamèrent à l'unisson la substitution de Cisneros, le président de la République en armes, la modification de la Constitution et des élections, entre autres points.

Les pouvoirs exécutif et législatif firent étalage de leur faiblesse interne en n'adoptant pas des mesures draconiennes contre une telle sédition et en demandant au général Gómez, pour régler la question, de s'entretenir avec le général García. En fin de compte, après ces entretiens, décision fut prise de nommer par intérim à la présidence Juan Bautista Spotorno, qui laissa ensuite le poste à Tomás Estrada Palma en 1876. L'unité révolutionnaire fut totalement brisée, et l'invasion à l'Ouest fut paralysée. Le manque d'appui aux troupes d'invasion exerça une influence dans la mort au combat du chef de l'avant-garde, l'Étasunien Henry Reeve, surnommé El Inglesito.

Le régionalisme, typique de la vie coloniale cubaine, qui existait depuis longtemps chez les combattants de las Villas, alla si loin que le général d'origine polonaise Carlos Roloff demanda au général Máximo Gómez, au nom des officiers de Las Villas, d'abandonner la direction de cette région en octobre 1876. Gómez, très atteint dans son moral, rentra à Camagüey à des moments difficiles qui exigeaient une grande unité révolutionnaire compte tenu de la politique que suivait le nouveau Capitaine général espagnol, Arsenio Martínez Campos.

Connu en Espagne comme Le Pacificateur pour son intervention réussie dans les graves problèmes politiques et militaires de son pays, le général Martínez Campos, officier de métier, qui était déjà intervenu dans la guerre d'Indépendance cubaine, implanta des mesures d'ordre non militaire pour en finir avec ce conflit, dont la restitution aux gros propriétaires cubains des biens saisis, le respect de la vie des mambís qui déposeraient les armes et, le cas échéant, l'octroi d'une somme d'argent ; l'élimination des déportations ; la distribution de rations aux combattants faméliques et surtout le passage de tout le territoire au peigne fin pour en éliminer les insurgés. La révolution traversant des moments de crise, cette politique donna d'excellents résultats.

Le gouvernement mambí tenta de régler la crise en nommant le général Vicente García au commandement de la province de Las Villas, mais celui-ci tarda à exécuter cet ordre, et organisa en mai 1877 une nouvelle sédition militaire, cette fois-ci à Santa Rita, et de nouveau sous couvert d'aspects de programme. Bien décidé à ne pas obéir aux décisions du gouvernement, il regagna Las Tunas, sa zone habituelle. Les combats cessèrent pratiquement dans la région centrale, et l'appareil exécutif entra de nouveau en crise quand le président Estrada Palma fut fait prisonnier par les Espagnols à Tasajeras en novembre 1877. Francisco Javier de Céspedes occupa brièvement la présidence par intérim jusqu'au moment où, la Chambre étant bien décidée à recourir à tout pour sauver la République, elle nomma Vicente García à la présidence.

Divers facteurs se conjuguèrent pour obliger les insurgés à signer une paix sans indépendance, le 10 février 1878, dans l'exploitation El Zanjón. À l'usure provoquée par presque dix années de guerre, s'ajoutaient le peu de ressources militaires reçus de l'étranger, le manque d'unité entre les combattants, les approches subjectives et régionalistes qui caractérisèrent nombre des principaux dirigeants, l'appareil de direction révolutionnaire inefficace qui bloqua les opérations militaires au lieu de les faciliter, l'inexistence d'un armée dotée d'un commandement central fort et certaines conceptions de différents chefs au sujet du rapport devant exister entre le pouvoir civil et le commandement militaire. Martínez Campos tira habilement parti de ces déficiences. L'accord d'El Zanjón, qui mit fin à la révolution de 1868, reconnut la liberté des esclaves noirs et des coolies chinois présents dans les rangs des mambís, promit de concéder des réformes libérales bourgeoises — jamais exécutées — et déclara que les clauses du Pacte étaient valides pour tous les régions de Cuba.

Mais, malgré sa sagacité, le militaire espagnol se trompa sur ce dernier point. Dans l'Est, les mambís aux ordres d'Antonio Maceo, un général métis d'un énorme prestige à la fin de la guerre, refusèrent le Pacte. Dans une mémorable rencontre avec Martínez Campos à Mangos de Baraguá, en mars 1878, Antonio Maceo lui réitéra sa volonté de poursuivre le combat. De fait, quelques jours plus tard, il tenait parole, instaurant un nouvel appareil de gouvernement et une autre Constitution révolutionnaire. Bien qu'en fin de compte, Maceo et ses troupes n'aient pu maintenir leur attitude à cause de leur carence chronique de ressources et du fait que l'Espagne put alors concentrer sur eux les troupes auparavant disséminées, ils passèrent à l'Histoire comme un exemple d'intransigeance pour avoir refusé une fois de plus le statut de dépendance coloniale.

La première étape des guerres d'Indépendance cubaines prenait fin à la mi-1878, sans la création d'un État national, bien que les révolutionnaires aient accumulé une grande expérience politique et militaire pour les entreprises futures. Peu de mambís retournèrent dans leurs foyers ; la grande majorité partit à l'étranger, rêvant toujours d'apporter l'indépendance à Cuba.

L'entre-deux guerres

L'analyse détaillée de la situation socio-économique cubaine dans le dernier quart du XIXe siècle indique un fait incontournable : l'essor du capitalisme, qui se concrétisa solidement dans des facteurs déjà visibles. La société cubaine — suivant la tendance mondiale — se dota de traits qui seront la clef du siècle suivant.

On constate une concentration de la production dans la deuxième moitié du siècle, dans la mesure où les moulins à sucre peu efficaces, faute d'avoir pu se moderniser, disparurent pour céder la place à de nouvelles industries, les centrales. Une bonne partie des producteurs ayant perdu leurs moulins durent se mettre à semer de la canne à sucre qu'ils faisaient broyer dans des centrales qui ne leur appartenaient pas, d'où la multiplication des colonos, ce qui eut une grande influence par la suite. La production sucrière commença donc à se diviser entre secteur agricole et secteur industriel. Les exportations du sucre cubain se concentrèrent toujours plus aux États-Unis, compte tenu de la faible consommation espagnole, au point que ce marché absorba 85,83 p. 100 des ventes cubaines en 1895.

Un autre facteur s'avéra tout aussi déterminant : les vendeurs et importateurs étasuniens avaient cessé d'acheter à Cuba du sucre raffiné pour donner la priorité au sucre non raffiné (brut), si bien que le raffinage diminua notablement dans l'île et que la colonie se convertit en une productrice de simple matière première. L'Espagne, pour sa part, bien que dotée d'un marché interne à très faible pouvoir d'achat, exigeait du sucre raffiné. C'est ainsi que la principale industrie cubaine se subordonna toujours plus au marché étasunien et à ses exigences.

Les États-Unis avaient commencé à investir des capitaux dans l'île, lesquels se chiffrèrent à la fin du siècle à près de 50 millions de dollars, placés surtout dans le sucre et les mines. La création en 1891 du Sugar Trust par Henry Havemeyer resserra les chaînes de cette dépendance croissante, sépara encore plus Cuba de l'Espagne et contribua grandement à subordonner la bourgeoisie cubaine autrefois puissante.

Si l'on veut un exemple éloquent de la faiblesse de l'économie cubaine et de sa dépendance, qu'il suffise de dire que les groupes économiques de l'île demandèrent à l'Espagne de signer un traité de réciprocité commerciale avec les États-Unis pour garantir ce marché. Madrid le tenta, mais le traité ne fut jamais ratifié. En 1890, les pressions des USA sur les nations du continent afin de les spécialiser en productrices de matières premières se traduisirent dans le Mc Kinley Bill et dans son corollaire, l'amendement Aldrich, qui écartait de leur marché les régions qui ne s'ouvriraient pas à leurs produits industriels. L'entêtement de l'Espagne à ne pas réduire les taxes sur les produits étasuniens entraîna l'apparition à Cuba du Mouvement économique, un groupement de producteurs et de vendeurs désireux de défendre leurs intérêts, qui n'atteignit pas tous ses objectifs, tout en constituant une preuve de la dépendance de l'économie cubaine envers l'étranger.

L'essor du capitalisme impliquait que l'on réglât la question de la force de travail en abolissant l'esclavage. C'est seulement en 1880 qu'aux termes de rudes consultations avec les maîtres, Madrid émit la Loi du patronat, qui prévoyait l'extinction de l'esclavage dans les huit années suivantes. Ce délai ne fut pas atteint, puisqu'il fut aboli en 1886. Les Noirs frais affranchis allèrent grossir les rangs du prolétariat agricole qui grandissaient vite. La carence de bras fut toutefois une constante de l'agriculture cubaine, ce qui obligea à chercher de nombreuses solutions au siècle suivant. L'abolition contribua dans une bonne mesure à élargir le marché intérieur.

Des groupements politiques commencèrent à se former en 1878 dans le cadre des libertés promises par Martínez Campos à El Zanjón, ce qui aboutit à la constitution de deux grands partis, le Parti Union constitutionnelle et le Parti libéral autonomiste. Le premier répondait aux intérêts des gros producteurs et commerçants espagnols qui étaient parvenus à améliorer leur technologie, bien que nombre de Cubains en eussent été membres. Intransigeant du point de vue politique, allié de Madrid, ce parti prônait l' « assimilation » entre Cuba et l'Espagne.

Formé des membres les plus faibles de la bourgeoisie, soutenu par d'excellents intellectuels, le Parti libéral se présenta comme porte-parole des intérêts nationaux, dans la mesure où le gros de ses membres était né à Cuba. Ses grandes figures étaient des personnages de premier rang, dont José María Gálvez, José Antonio Cortina, Miguel Figueroa et Rafael Montoro, qui n'ignoraient pas combien il leur serait difficile de concrétiser le projet politique pour lequel ils avaient lutté pendant vingt ans : l'autonomie. Ce projet, bien structuré économiquement, ne réglait pas les problèmes des masses nationales, mais offrait des éléments raisonnables pour les alléger. L'autonomisme gagna des adeptes pendant un certain temps, profitant de l'usure de l'indépendantisme ; ses orateurs, des militants « au coin du feu », soulevèrent dûment les problèmes implicites du régime colonial, sans jamais prôner toutefois l'indépendance de la patrie. Ils redoutaient au contraire les changements brusques et leur travail comme tribuns visait à perfectionner le statu quo.

L'Espagne ne sut pas ni ne voulut profiter de ce que représentait l'autonomisme — autrement dit le renvoi à plus tard de la révolution — et soutint toujours l'intégrisme en facilitant des fraudes électorales, en réajustant des lois pour le favoriser et en entravant la propagande des autonomistes écartés de l'appareil de pouvoir. L'autonomisme perdit nombre de ses adeptes dans la mesure où l'indépendantiste reprenait du poil de la bête, de pair avec la désillusion que provoquait la politique partiale de l'Espagne. L'autonomisme ne parvint même pas à faire appliquer un plan de réformes adopté en 1893. La voie à une nouvelle étape de combat en faveur de la création d'un État national s'ouvrait de plus en plus.

À la fin de la guerre de Dix Ans, les indépendantistes ne prirent pas de repos et préparèrent la Petite Guerre (1879-1880) avant même d'avoir analysé objectivement les causes de l'échec précédent. Ils fondèrent ainsi des clubs non structurés horizontalement, dont un centre à New York dirigé par Calixto García ; des soulèvements improvisés eurent lieu dans l'île sans coordination entre eux ni avec le centre de New York, et la guerre fit long feu faute de ressources, mais aussi à cause de l'épuisement du pays et des différends entre García et Antonio Maceo. Le Parti autonomiste appuya résolument l'Espagne, propageant le mensonge qu'il s'agissait d'une guerre des Noirs contre les Blancs. Les tentatives prirent fin en octobre 1880, non sans avoir fait un excellent legs aux luttes postérieures : les premiers pas en la matière de José Martí, le futur leader de l'indépendance.

Les expéditions isolées préparées dans les années 80 ne furent pas non plus couronnées de succès, dans la mesure où elles prétendaient apporter à Cuba une révolution non préparée, malgré les efforts consentis par certains de leurs promoteurs comme les généraux Carlos Agüero, Limbano Sánchez et Ramón Leocadio Bonachea. Jusqu'au plan le mieux confectionné entre 1884 et 1886 par le général Máximo Gómez ne parvint pas à se concrétiser. Les indépendantistes n'avaient pas encore appris à fond à juger les facteurs objectifs et subjectifs qui permettent de déclencher une révolution, et à forger, avant de lancer une guerre anticoloniale, une unité efficace entre les révolutionnaires.

La Révolution de 1895

Il incomba à quelqu'un qui n'était pas usé par des différends antérieurs de donner la priorité à l'unité entre les combattants, de poser sur des bases nouvelles le projet indépendantiste et de le doter d'un corpus idéologique foncièrement radical. Cet homme, José Martí, fils d'Espagnols, vivait émigré à New York, après avoir fait des séjours très utiles en Espagne, au Mexique, au Guatemala et au Venezuela. Au début des années 90 du XIXe siècle, c'était l'écrivain le plus fameux de langue espagnole et le premier journaliste du continent américain.

Deux différences capitales séparaient la nouvelle étape des précédentes : un solide projet de transformation économique et social à même de promouvoir le développement national autochtone ; un processus d'organisation remontant à plusieurs années. Le programme révolutionnaire de Martí prit corps chez les émigrés sous forme du Parti révolutionnaire cubain (PRC), fondé le 10 avril 1892. C'est par son intermédiaire et par celle de son journal Patria que Martí put faire connaître les contenus prospectifs du changement social cubain et forger l'unité autour du PRC et de sa propre figure comme délégué du parti. Le mois de septembre 1892 marqua un jalon dans l'unification des combattants dans la mesure où le général Máximo Gómez accepta de commander les mambís en cas d'une nouvelle guerre.

Des figures incontournables allaient peu à peu rejoindre Martí et faire leur son programme, dont les généraux Serafín Sánchez, José Rogelio Castillo, José Maceo, Flor Crombet et, bien entendu, Antonio Maceo. Les conceptions de Martí ne représentaient pas la prééminence des civils à la manière de la guerre de Dix Ans, mais le dépassement définitif de ses affrontements entre civils et militaires, de pair avec des idéaux foncièrement latino-américanistes, axés sur les masses travailleuses et sur les secteurs sociaux défenseurs des intérêts nationaux, ce projet visant en outre à empêcher, par des structures de gouvernement autochtones, les visées de domination des États-Unis sur les terres de Notre Amérique.

Le soulèvement anticolonialiste démarra le 24 février 1895 dans l'Est du pays, et il fut dirigé pendant quelques semaines par Guillermo (Guillermón) Moncada et Bartolomé Masó. Le Maître (comme ses partisans appelaient Martí) avait pensé à des expéditions et à des soulèvements simultanés, mais ce plan initial échoua pour différentes raisons, si bien qu'il dut le restructurer et, pour tenter de gagner Cuba, se rendre à Saint-Domingue où il écrivit puis signa avec le général Máximo Gómez le programme connu comme Manifeste de Montecristi. Tous deux parvinrent finalement, au terme d'efforts parfois désespérés, à débarquer le 11 avril 1895 à Cuba, au lieudit plage de Cajobabo, dans l'Est. Quelques jours plus tôt, le général Antonio Maceo avait débarqué, lui, à Duaba, et assumé le commandement militaire de la province orientale. Les généraux Moncada et Crombet étaient morts dans les premières semaines de la révolution pour différentes raisons.

Martí et Gómez se réunirent le 5 mai avec Maceo dans l'exploitation La Mejorana. Le délégué du PRC, José Martí, et le généralissime Máximo Gómez partageaient les mêmes idées sur la façon dont le pouvoir militaire et civil devait être structuré, mais Maceo avaient les siennes. Quelques jours plus tard, le 19 mai 1895, Martí tombait au champ d'honneur à Dos Ríos : l'architecte idéologique de la lutte anticoloniale et le premier penseur d'Amérique disparaissait ainsi dans une simple escarmouche. Gómez y Maceo, totalement d'accord sur ce point, se chargèrent de mettre tout l'Est du pays sur le pied de guerre. Maceo gagna les batailles de Jobito, de Peralejo et de Sao del Indio ; Gómez se rendit en Camagüey où, appuyé par Salvador Cisneros, il mena la Campagne circulaire autour de Puerto Príncipe (nom ancien de Camagüey) pour que les jeunes reçoivent le baptême du feu. Quelques semaines après, une grande expédition conduite par les généraux Serafín Sánchez et Carlos Roloff arrivait au sud de Las Villas.

L'Assemblée constituante réunie à Jimaguayú (Camagüey) en septembre adopta une Constitution qui tentait de trouver un juste équilibre entre le pouvoir civil et le pouvoir militaire, institua un Conseil de gouvernement à fonctions législatives et exécutives composé de six personnes. Salvador Cisneros fut élu président et Bartolomé Masó, vice-président. L'Assemblée ratifia à leurs postes Gómez et Maceo, et nomma Tomás Estrada Palma comme ambassadeur plénipotentiaire à l'étranger, une responsabilité qui venait s'ajouter à celle qu'il détenait depuis la mort de José Martí : délégué du Parti révolutionnaire cubain. Ceci ouvrait la porte aux agissements de ce personnage, ce qui ne tarda pas.

Il fallut ensuite préparer l' « Invasion » à l'Ouest qui partit de Mangos de Baraguá. Gómez fut le généralissime, et Antonio Maceo son second. L' « Invasion » constitua l'une des campagnes militaires les plus brillantes jamais réalisées en Amérique : quelques centaines de mambís mal armés et affamés firent face, dans un espace géographique extrêmement réduit, à une armée de métier dotée d'une capacité combative élevée, bien équipée, et parcoururent plus de mille kilomètres en seulement trois mois, à raison, parfois, de plus de quatre-vingts kilomètres par jour. Iguará, Mal Tiempo, Coliseo, Calimete, constituèrent des batailles qui marquèrent un tournant. Les mambís atteignirent la province de La Havane en janvier 1896, et décision fut prise que Maceo couronnerait la campagne en envahissant la province de Pinar del Río, tandis que Gómez distrayait les troupes ennemies autour de la capitale. Maceo atteignit Mantua, la localité la plus à l'ouest de l'île, le 22 janvier 1896, et un document y fut signé pour bien marquer le couronnement de l'entreprise.

L'Espagne décida alors de recourir à des mesures extrêmes, et remplaça Martínez Campos par Valeriano Weyler, qui avait déjà été à Cuba. Celui-ci, représentant des intérêts colonialistes les plus rétrogrades, appliqua une politique génocidaire dite de Reconcentración qui contraignait les paysans, pour les empêcher d'aider les mambís, à se regrouper dans les villes où ils manquèrent de tout et mouraient de maladies et de faim : on a calculé le nombre de victimes entre 150 000 et 200 000 entre 1896 et 1897. Malgré cette hécatombe, la guerre ne s'arrêta pas.

En plus des nombreux combattants et civils décédés dans les deux premières années, la révolution perdit aussi beaucoup de figures importantes, comme Guillermón Moncada, Flor Crombet, Francisco Borrero, Juan Bruno Zayas, José María Aguirre, José Maceo, Serafín Sánchez et un homme exceptionnel, le lieutenant-général Antonio Maceo, tombé à San Pedro (environs de La Havane) en décembre 1896. Face à de telles disparitions, le généralissime Máximo Gómez réussit à diriger les opérations militaires en évitant de trop lourdes pertes.

L'unité révolutionnaire connut de gros problèmes à cause des affrontements entre le général en chef et le Conseil de gouvernement. Celui-ci, désireux de contrôler les officiers, ne tarda pas à intervenir dans les questions militaires, à décerner des grades militaires sans y être dûment autorisé, à tolérer le commerce avec l'ennemi et surtout à permettre la campagne sucrière par suite d'engagements pris à l'étranger par Estrada Palma. Tout ceci provoqua de sérieuses frictions avec Gómez, que les civils accusèrent de « s'ingérer » dans la vie républicaine. Le chef mambí décida alors de démissionner, mais la mort d'Antonio Maceo — et celle, à ses côtés, de son propre fils, Francisco — allégea les tensions, bien que des membres de la mouvance autonomiste aient profité de ces moments difficiles pour influer sur des décisions internes de la révolution.

À la mort de Maceo, Calixto García fut nommé lieutenant-général à sa place. Ses campagnes dans l'Est du pays et son recours à l'artillerie le rendirent célèbre. Gómez, décidé à mener une guerre d'usure contre l'Espagne, installa son camp dans la zone de La Reforma, entre Las Villas et Camagüey, et, profitant de la chaleur des tropiques, épuisa 40 000 soldats espagnols qui le pourchassaient sans répit. Au bout de plusieurs semaines, cette guerre d'usure donna ses fruits : des milliers de soldats espagnols durent être hospitalisés, mais l'Espagne n'avait pas les moyens de les remplacer.

Mais on ne saurait comprendre dans toute sa portée la révolution de 1895 sans parler de l'intérêt que les gouvernements étasuniens portaient à Cuba. Désireux d'empêcher l'île de tomber sous la coupe de l'Angleterre, comme il le redoutait, Washington préférait qu'elle restât aux mains de l'Espagne. Profitant toutefois de certaines conjonctures internationales, le président Grover Cleveland avait commencé, dès 1896, à exercer des pressions sur l'Espagne pour qu'elle mît fin à la guerre, et son successeur, William McKinley, redoubla ces exigences. Fabriquant de toutes pièces des nouvelles de la guerre, la presse sensationnaliste étasunienne agita l'opinion publique, utilisant en sa faveur les sympathies que les habitants éprouvaient à l'idée de l'indépendance de Cuba.

Bien que délégué du Parti révolutionnaire cubain, Estrada Palma se moqua de ses principes essentiels et tenta de mettre fin à la guerre en incitant les États-Unis à acheter l'île ou en favorisant une intervention militaire de leur part, ce qui sauverait les intérêts économiques de la bourgeoisie cubaine face à une révolution de masses grosse de changements. Cédant à Washington, l'Espagne feignit d'interrompre la reconcentración, releva Weyler et nomma Ramón Blanco pour instaurer en 1898 une fiction de gouvernement autonomiste à laquelle le Parti libéral se prêta, non sans de fortes discussions dans ses rangs. Or, l'autonomie ne pouvait plus être à ce moment-là une solution aux problèmes cubains, si bien que les mambís la rejetèrent énergiquement.

Les corps de volontaires, très liés aux intégristes les plus récalcitrants, frayèrent la voie, par leurs actions contre l'autonomisme, à l'intervention du gouvernement étasunien : celui-ci, prétextant des « dangers » que pouvaient courir ses ressortissants à La Havane, y dépêcha le cuirassé Maine qui, ancré dans la baie, explosa en février 1898 pour des raisons qui font encore de nos jours l'objet de controverses, autorités espagnoles et autorités étasuniennes s'en accusant mutuellement. Saisissant l'occasion, le président McKinley demanda au Congrès l'autorisation de déclencher la guerre, non sans avoir tenté au préalable d'acheter l'île.

A la suite de différentes pressions exercées par des Cubains proches d'Estrada Palma, le Sénat et la Chambre des représentants des États-Unis votèrent, le 20 avril 1898, une Résolution conjointe qui reconnaissait le droit de l'île à l'indépendance et confirmait que les États-Unis céderaient l'île, une fois pacifiée, à son peuple sans aucune prétention à l'annexion. Même si la Résolution devait servir à l'avenir de frein aux visées des USA, elle n'en ouvrait pas moins, dans l'immédiat, les portes à leur intervention dans la guerre anticoloniale de la nation cubaine.

Entravée par ses contradictions politiques internes, l'Espagne fut contrainte d'accepter la guerre contre une nation bien plus puissante qu'elle. Le conflit dura de mai à août 1898. Enfermée dans son orgueil insensé, la couronne espagnole préférait capituler devant les troupes étasuniennes que devant les insurgés cubains. Les USA jouaient gagnants sur tous les tableaux : de fait, leur puissante escadre coula devant Santiago de Cuba les restes de la pauvre flotte militaire espagnole, cette bataille navale devant décider de l'issue de la guerre qui permit aux États-Unis de s'emparer à faible coût, en Amérique, de Cuba, de Porto Rico et, en Asie, des Philippines.

Conformément à leur politique traditionnelle, Washington n'avait jamais reconnu les autorités des insurgés cubains, à savoir le Conseil de gouvernement et l'Armée de libération, pour ne pas se lier les mains à l'avenir. Le généralissime Máximo Gómez fut résolument tenu sur la touche. En revanche, le Conseil de gouvernement, dont le président, Bartolomé Masó, avait été élu après l'adoption de la Constitution de La Yaya en octobre 1897, instruisit les troupes de la région orientale de ne pas abandonner le théâtre d'opérations et de poursuivre la lutte aux côtés des soldats étasuniens, et c'est ainsi que le général Calixto García fut l'architecte du siège et de la prise de Santiago, alors que le quartier général étasunien avait jugé cette opération impossible. Or, le prix d'une telle prouesse militaire consista en une offense incroyable : sous prétexte d'éviter d'éventuelles représailles de la part des Cubains, les chefs étasuniens interdirent aux troupes mambis d'entrer dans la ville. La Résolution conjointe commençait déjà à être sérieusement écornée.

Le blocus naval imposé par Washington fit beaucoup de mal aux Cubains, et encore plus le cessez-le-feu décrété en août 1898, dans la mesure où les occupaient considéraient les denrées alimentaires que s'appropriaient les insurgés comme le résultat d'un vol et, appuyant le plus faible contre le plus fort — comme le stipulaient les instructions qu'ils avaient reçues — distribuaient des aliments parmi les Espagnols. De leur côté, conformément aux clauses de la Constitution de La Yaya, les dirigeants cubains décrétèrent la dissolution du Conseil de gouvernement et convoquèrent des élections pour octobre afin d'élire les membres d'un nouvel organe, l'Assemblée de Santa Cruz, qui émigrerait successivement à Marianao et au Cerro, dans la banlieue de La Havane, en 1899. Dans l'émigration, Estrada Palma liquida le Parti révolutionnaire cubain, l'instrument politique si cher à Martí.

La fin de la guerre entre l'Espagne et les États-Unis fut signée à Paris en décembre 1898, sans un seul représentant du peuple cubain. Máximo Gómez dirait alors que Cuba n'était pas encore libre ni indépendante, alors qu'une période de grande incertitude s'ouvrait pour le peuple cubain. Le danger d'une perte de la nationalité cubaine, voire, de l'annexion à une nation étrangère, était évident. La fin du colonialisme européen n'entraînait pas la création de l'État national. Heureusement pour lui, le peuple cubain — soumis à la première occupation des États-Unis à compter du 1er janvier 1899 — pouvait faire fond sur une énorme tradition combative et sur un corpus d'idées indépendantistes notable. Malgré l'entrée en jeu de puissantes forces étrangères, il s'avérait très difficile d'empêcher l'établissement d'une République dans la Perle des Antilles.

3
République et souveraineté

La première occupation

C'est le 1er janvier 1899 que débuta la première occupation de Cuba par les États-Unis. L'Espagne, au terme de quatre siècles de présence coloniale, se retira de l'île sans y avoir permis l'instauration d'un État national et, pis encore, sans que le peuple cubain n'ait aucune certitude au sujet de son avenir. Bien que la Résolution conjointe ait affirmé le droit des Cubains à la pleine souveraineté, il semblait bien difficile que le gouvernement étasunien ne tire pas profit de son intervention, surtout compte tenu de la situation que traversaient les forces révolutionnaires qui, représentées par l'Assemblée de Santa Cruz et par l'armée mambí, ne pouvaient pas saisir, d'un point de vue historique, les exigences de cette nouvelle conjoncture, à plus forte raison quand les problèmes de nature subjective entre les patriotes, un mal courant, feraient vite leur apparition.

En fait, en janvier 1899, les États-Unis n'avaient pas encore défini exactement leur politique envers Cuba. Des forces très diverses et aux vues contradictoires s'y heurtaient, depuis les tenants d'un statut colonial jusqu'aux promoteurs de l'annexion, en passant par de sincères partisans de l'indépendance cubaine. Les hommes politiques étasuniens essayèrent différentes voies pour contrôler l'île, en fonction de leurs intérêts sectoriels. La situation interne cubaine conduisit lentement à la création en Amérique d'une nouvelle république très fortement liée à la patrie d'Abraham Lincoln.

John R. Brooke, le premier fonctionnaire nommé à la tête de l'« intervention », occupa ce poste jusqu'en décembre 1899. Ne faisant pas partie des groupes les plus foncièrement annexionnistes, il s'entoura de figures liées d'une manière ou d'une autre à la révolution et créa un cabinet civil de quatre membres chargé de l'aider. C'est sous sa direction que commença un processus visant à « étasuniser » l'île, comme le prouve l'intérêt de l'assainir et surtout de promouvoir l'éducation à la manière anglo-saxonne et d'imposer l'étude de l'anglais. Par ailleurs, des nombreux jeunes gens partirent aux USA pour y recevoir une formation de professeurs. Un recensement fut aussi entrepris pour connaître le véritable état démographique et économique de l'île (celle-ci comptait alors 1 572 000 habitants), et un organe de police et un autre de gendarmerie rurale furent créés l'année suivante.

La guerre finie, l'armée mambí se retrouva face à une terrible pénurie de ressources, si bien que les dirigeants révolutionnaires envisagèrent, sans une solide vision du futur, de la dissoudre et de faciliter le retour de ses membres dans leurs foyers, surtout dans les régions rurales. L'Assemblée du Cerro voulut utiliser ces circonstances pour obtenir un prêt du gouvernement étasunien et être ainsi reconnue officiellement, mais elle ne parvint pas à se faire comprendre du généralissime Máximo Gómez qui préférait accepter un don offert par l'astucieux McKinley.

Les esprits s'échauffèrent, et l'Assemblée destitua le généralissime, ce qui revenait à se détruire elle-même parce que Gómez constituait alors la principale figure du patriotisme cubain et que le peuple réalisa de nombreuses manifestations de soutien à sa personne. L'Assemblée dut dès lors se dissoudre début avril, et l'armée mambí reçut un « cadeau » de trois millions de pesos à distribuer entre ses membres. Les problèmes existant entre les forces révolutionnaires — désunion et manque de lucidité — permirent ainsi au gouvernement étasunien de démanteler sans trop de mal les deux derniers organes représentatifs de la révolution de 1895.

Le peuple cubain, dans de si terribles circonstances, était devenu acéphale.

Les groupements politiques et les partis commencèrent très vite à se structurer en 1899. Les révolutionnaires aussi bien que les milieux non favorables à la république s'efforcèrent de s'organiser en vue des élections à venir. De nombreux groupuscules virent ainsi le jour, puis se consolidèrent finalement en un certain nombre d'organisations plus fortes, comme le Parti national cubain, le Parti républicain fédéral de La Havane, le Parti républicain fédéral de Las Villas et le Parti Union démocratique. Les anciens mambís ne parvinrent pas, malgré les efforts de Gómez, à déposer leurs réserves et à se regrouper en une seule organisation. Ces partis, loin de proposer des programmes différents, constituaient en fait la réunion de clientèles autour de plusieurs caudillos et ne représentaient pas vraiment, comme dans d'autres sociétés, les intérêts spécifiques des diverses classes sociales de l'île. Le mouvement indépendantiste perdit une fois de plus la possibilité de se consolider fermement.

En décembre 1899, Leonardo Wood remplaça Brooke. Bien plus agressif que son prédécesseur, le nouvel chef de l'« intervention » tenta de fomenter l'annexion de Cuba aux États-Unis, mais il se heurta à un consensus fortement majoritaire en faveur de l'établissement d'une république indépendante. Ceci empêcha la formation d'un gouvernement civil et prouva à Washington qu'il devait trouver des formules permettant la création de ce nouvel État, tout en l'assujettissant fortement aux USA. Il organisa donc d'abord des élections municipales où le vote fut très restreint, puis, le 25 juillet 1900, des élections générales à une Assemblée constituante, laquelle se réunit pour la première fois le 15 novembre et resta en fonction jusqu'en février 1901. La Constitution qui en sortit fut le fruit d'une transaction entre les différents constituants, et ne peut donc être considérée comme l'expression des aspirations indépendantistes les plus radicales de la nation cubaine, même si elle répondait à la tradition libérale de la division en trois pouvoirs.

Wood avait donné aux constituants des instructions préalables : ils devaient fixer dans la Constitution même les relations particulières qui devaient exister entre Cuba et les États-Unis. La plupart des constituants jugèrent cette intromission hors de propos, et ils le lui firent savoir. Mais le gouvernement étasunien n'était pas disposé à laisser sa pleine souveraineté à Cuba et il mit les constituants au pied du mur : soit ils acceptaient les bases établies dans l'amendement présenté par le sénateur Orville Platt à la loi concernant le budget de l'armée étasunienne, soit les troupes d'occupation ne se retireraient pas et la République ne pourrait pas naître. Ce qui est passé à l'histoire sous le nom d'Amendement Platt. Les constituants discutèrent et tentèrent de trouver des solutions intermédiaires qui préserveraient la souveraineté du pays, mais ils durent finalement s'incliner et adopter l'Amendement par seize voix contre onze, en juin 1901.

L'Amendement Platt restreignait en particulier la souveraineté de Cuba par son article 3, qui donnait aux États-Unis le droit d'intervenir dans ses affaires intérieures quand ils le jugeraient pertinent, et par son article 7, qui leur permettait de disposer de bases navales et charbonnières sous forme d'achat ou de bail. Les forces patriotiques engagèrent dès lors une lutte résolue pour faire abroger cet Amendement, ce qu'elles obtinrent au bout de vingt ans.

Tomás Estrada Palma et Bartolomé Masó furent les deux candidats à la présidence en 1901. Le premier, un civil associé aux deux guerres d'Indépendance, mais foncièrement conservateur, avait le soutien des États-Unis. Masó, au contraire, était un militaire résolument patriote et farouchement opposé à l'Amendement Platt, n'avait pas les mêmes soutiens. Conscient des pressions étasuniennes en faveur de son adversaire, il finit par retirer sa candidature. La facile victoire d'Estrada Palma aggrava les divisions habituelles entre les indépendantistes.

Tout était donc préparé pour que les États-Unis puissent se retirer de Cuba, non sans avoir promulgué, comme échantillons de leur véritables visées, deux décrets militaires d'une grande importance : le 34 facilitait la pénétration des compagnies de chemins de fer étasuniennes dans l'île ; le 62 délimitait les anciennes terres et haciendas communales pour que des Étasuniens puissent les acheter plus aisément. Une fois la souveraineté nationale sensiblement restreinte par l'Amendement Platt et un président docile élu, les troupes d'occupation purent se retirer le 20 mai 1902, date de naissance officielle de la République de Cuba.

De Tomás Estrada Palma à Gerardo Machado

Une tâche d'une grande ampleur attendait le président Estrada Palma et son équipe de gouvernement. Il fallait d'une part reconstruire une nation dévastée par la guerre anticoloniale, où la misère, le chômage, l'analphabétisme et l'ineptie de la couronne espagnole s'étaient étendus à tout le pays ; de l'autre, mobiliser les patriotes pour obtenir la plus grande souveraineté possible dans les limites étroites qu'imposait l'Amendement Platt. Il fallait assurer une grande unité nationale autour du projet républicain et intégrer les secteurs hétérogènes qui composaient le spectacle politique dans l'île. En fait, Estrada Palma n'était pas la personne indiquée. Sa conception selon laquelle une tutelle étrangère convenait à Cuba, du moins dans les premières années de vie indépendante, et son rejet personnel des masses populaires en faisaient quelqu'un de bien peu apte à diriger la nation à cette époque-là, ce qui se constaterait vite.

Par ailleurs, la bourgeoisie cubaine n'était pas en mesure — d'autant qu'elle ne fit jamais l'effort en ce sens — de jouer un rôle vraiment national, se contentant des espaces que lui laissait le capital étasunien qui ne cessa d'augmenter durant plusieurs décennies. Compte tenu de sa dépendance, la bourgeoisie cubaine, surtout dans le domaine de l'industrie et du commerce du sucre, agit comme un frein énorme au développement de n'importe quel projet de transformation à compter du jour où la République commença à montrer ses failles, et servit de fer de lance à la pénétration étrangère en combinaison avec laquelle elle fonctionna, paralysant l'action de secteurs plus nationalistes et plus dynamiques.

Ce qui explique la hâte avec laquelle elle rédigea et signa en décembre 1902 un Traité de réciprocité commerciale entre Cuba et les États-Unis, lequel fut ratifié l'année suivante. Aux termes de ce traité, même si les deux pays rabaissaient des tarifs à hauteur de 20 p. 100, Cuba les diminuait souvent de 40 p. 100, ce qui était une preuve éloquente de non-réciprocité. Cuba devait garantir des matières premières au marché étasunien, en échange de quoi elle pouvait en importer de grandes quantités de produits industriels. Même si le Traité aida dans les premiers moments à créer de nouveaux postes de travail, il consolida à moyen terme la caractère monoproducteur, monoexportateur, multi-importateur et de monomarché de l'économie nationale, toujours plus soumise aux diktats des États-Unis. Alors que le sucre représentait 36 p. 100 de toutes les exportations cubaines en 1900, ce taux s'était élevé, grâce au Traité, à près de 84 p. 100 en 1925.

Le gouvernement de l'ancien mambí fit un gros travail de structuration républicaine, signant les traités que Washington jugeait indispensables. Ce fut le cas, tour à tour, du « Traité permanent déterminant les relations entre la République de Cuba et les États-Unis » (signé en 1902 et ratifié en 1904), autrement dit l'Amendement Platt signé cette fois-ci par un gouvernement cubain ; l' « Accord de location de stations navales », de 1903, mais sujet à des modifications postérieures ; le « Traité sur l'île des Pins », qui reconnaissait son appartenance à Cuba pour prix de la concession des bases charbonnières (signé en 1904, mais ratifié seulement en 1925 par le Sénat étasunien). Tous ces accords validaient des faits accomplis de la première occupation.

Loin de s'efforcer de développer dans toute la mesure du possible l'économie de la nouvelle nation indépendante, Estrada et son gouvernement s'attachèrent à économiser au maximum les précaires ressources de l'État afin de pouvoir rembourser le prêt de 35 millions de dollars qu'avait fourni le capital privé étasunien, ce qui entrava bien entendu la mise en œuvre d'une politique visant à diminuer les graves problèmes sociaux et entraîna rapidement, par voie de conséquence, un fort mécontentement populaire. Parallèlement, les groupes politiques qui entouraient le président constituèrent le Parti modéré — il prendrait ensuite le nom de Parti conservateur — pour l'opposer au Parti libéral, d'assise censément populaire. Convaincu de la nécessité « patriotique » de conserver la présidence, Estrada Palma se présenta à la réélection en 1905, son principal opposant étant le général Juan Miguel Gómez. Quant à Máximo Gómez, qui était opposé à la réélection d'Estrada Palma, il mourut malheureusement en juin de cette année-là.

Le président fut réélu dans un climat de fraudes, ce qui déclencha des émeutes populaires qui furent violemment réprimées. Le Parti libéral, conduit par le général José Miguel Gómez et Alfredo Zayas, prit les armes, ce qui causa ce qu'on appela la Petit Guerre d'août 1906. Inutile de dire que ce soulèvement mettait en crise le précaire système républicain et viabilisait l'application de l'article 3 de l'Amendent Platt. Ni les démarches d'anciens mambís ni celles d'hommes politiques respectables ne parvinrent à convaincre le président de changer d'attitude. Estrada Palma, en accord avec le pouvoir législatif, démissionna, suivi de son cabinet et des présidents de la Chambre et du Sénat. La République étant devenue acéphale, le gouvernement étasunien fit occuper le pays pour la seconde fois en septembre 1906.

De nombreux facteurs différencient cette occupation de la première, le plus important étant que Cuba était d'ores et déjà une République et devait continuer de l'être selon les déclarations du gouvernement étasunien. Conçue comme une période de transition, l'occupation qui dura jusqu'en 1909 eut pour figure principale Charles Magoon, avocat et ancien administrateur du canal de Panama. Conscient de ce caractère transitoire, il noua des relations avec les groupes libéraux écartés du pouvoir par Estrada Palma. Une Commission consultative constituée de juristes prestigieux fut créée en décembre 1906 pour perfectionner l'appareil d'État et rédiger les lois complémentaires de la Constitution de 1901.

Le nouveau recensement de la population en 1907 indiqua que l'île comptait 2,1 millions d'habitants, soit une forte augmentation par rapport à 1899, que La Havane comptait 300 000 habitants et que les étrangers — surtout Espagnols, Haïtiens et Jamaïquains — ne cessaient d'augmenter. Magoon se chargea aussi de créer de toutes pièces une armée nationale permanente. Son gouvernement, aussi anodin que sa personne, laissa comme héritage la malversation de l'argent qu'avait accumulé Estrada Palma, autour de onze millions de pesos, et l'essor vertigineux de la corruption administrative par suite de l'octroi d'emplois à des gens qui ne les occupaient pas, une pratique née durant la colonie et baptisée sous le nom de « bouteille ».

Les libéraux, en tant que groupe politique mis sur la touche par les modérés en 1905, avaient tous les atours pour gagner les élections prévues pour 1908. De fait, José Miguel Gómez, faisant équipe avec Alfredo Zayas, triompha haut la main et accéda à la présidence en janvier 1909, une date qui avait été avancée pour pouvoir mettre fin à la seconde occupation. Les gens attendaient de l'équipe de gouvernement libérale, où certaines figures possédaient un grand prestige patriotique, une politique bien plus en accord avec les besoins du pays que celle menée par les « palmistes », d'autant que le président Gómez jouissait d'un grand charisme : paysan devenu général mambí, il était considéré comme un représentant authentique de la population la plus modeste.

Il se chargerait très vite de décevoir cette attente. Les libéraux, qui occupèrent le pouvoir de 1909 à 1913, se caractérisèrent par une corruption administrative scandaleuse. Se servant de la République comme d'un bien personnel, Gómez et son équipe volaient et laissaient voler en grandes quantités les revenus que les investissements étasuniens croissants apportaient au trésor public. Non contents de demander et d'obtenir de la banque étasunienne un prêt de 16,5 millions de dollars, ils firent des affaires frauduleuses monnaie courante. En voici quelques exemples : l'échange des terrains de l'Arsenal pour ceux de Villanueva, en janvier 1910, qui servit à enrichir quelques gros pontes du régime ; le dragage des ports, une concession faite en février 1911, où il fallut verser des millions aux personnes concernées, et l'assèchement des marais de Zapata, en juin 1912, jamais réalisé parce qu'assigné à une compagnie étasunienne incompétente. Les fraudes devinrent de notoriété publique et furent vertement critiquées par la presse nationale. Le discrédit du libéralisme comme solution aux problèmes du pays atteignit des niveaux extraordinaires.

Victimes de discrimination sous la République, les Noirs s'organisèrent en un parti politique qu'ils appelèrent Les Indépendants de Couleur. Aussitôt le Congrès vota une loi qui interdisait les groupements par race, entre autres classifications. Les Noirs, dont beaucoup étaient d'anciens mambís, exercèrent des pressions sur le gouvernement pour que le parti soit légalisé ; faute d'y parvenir, ils commirent l'erreur de prendre les armes en mai 1912 dans l'espoir que leur ancien compagnon José Miguel Gómez les comprendrait. Celui-ci, craignant d'être accusé de faiblesse et très au courant de l'article 3 de l'Amendement Platt, commit une véritable boucherie contre les insurgés qui, à peine armés, ne purent résister à la poussée combinée de l'armée et de la gendarmerie rurale. Le soulèvement des Indépendants de Couleur fut la page la plus tragique du gouvernement libéral. Appliquant sa nouvelle politique « préventive », Washington fit débarquer des marines dans la province d'Oriente, où le soulèvement était le plus fort.

Refusant d'aider son second, Zayas — leader d'une faction importante du libéralisme — à accéder à la présidence, José Miguel Gómez favorisa les conservateurs qui y parvinrent en la personne du général mambí Mario García Menocal. Celui-ci, ancien administrateur de la sucrerie étasunienne Chaparra, ingénieur diplômé aux États-Unis, élitiste par nature, au caractère énergique, épris des coutumes et des habitudes anglo-saxonnes, ennemi juré de n'importe quel changement radical, qu'il soit économique ou sociale, était bien vu de Washington. Fort du discrédit du libéralisme, il devint président en 1903. Il ne tarderait pas à montrer ses dons de dictateur.

On ne saurait comprendre sa permanence au pouvoir de 1913 à 1921, soit deux mandats présidentiels, si l'on oublie le fait même de la Première Guerre mondiale (1914-1918). Les États-Unis, qui y jouèrent un rôle important, eurent Cuba pour alliée, car Menocal déclara la guerre à l'Allemagne. Le sucre devint un produit de première nécessité, et Cuba en était le principal fournisseur aux USA. La réélection, interdite à Estrada Palma et à José Miguel Gómez, fut permise à Menocal parce que les États-Unis avaient besoin d'un « homme fort », prêt à accepter leurs diktats, à la tête de Cuba.

Au cours de la guerre, la demande de sucre ne cessa d'augmenter, et ses cours firent de même. Il était donc peu probable que Washington conteste une réélection à Cuba, bien que Menocal eût recouru à des fraudes notoires aux élections de 1916 pour battre son adversaire, José Miguel Gómez, qui se présentait une fois de plus. Le chef libéral, recourant aux méthodes qui lui avaient donné de si bons résultats en 1906, organisa en février 1917 un soulèvement armé contre Menocal — pas pour des raisons de programme — que ses partisans secondèrent à plusieurs endroits du pays. Ce soulèvement, connu comme La Chambelona, donna naissance à une conga au rythme contagieux devenue emblématique à Cuba. Les États-Unis affirmèrent tout haut qu'ils ne soutiendraient pas le soulèvement, qui s'éteignit de lui-même, non sans avoir laissé plusieurs dizaines de morts, et dépêchèrent de nouveau, à titre préventif, quelques unités de marine. Soucieux d'éviter les problèmes électoraux cubains, le gouvernement étasunien envoya un représentant à La Havane, Enoch Crowder, qui se chargea de modifier le code électoral et de le rendre plus viable, une mission qu'il conclut en août 1919.

Menocal finit par répondre à une vieille demande : la création d'une monnaie nationale qui commença à circuler en 1914. Il fit plusieurs emprunts auprès de banques étasuniennes pour près de cinquante millions de dollars. Il réalisa aussi un nouveau recensement (1919) : la population avait augmenté fortement pour atteindre 2,9 millions d'habitants ; les étrangers continuaient d'affluer au rythme de la croissance de l'agro-industrie sucrière et du développement urbain, démesuré pour un pays agricole. La Havane, qui comptait près de 400 000 habitants et qui était d'ores et déjà la plus grande ville d'Amérique centrale et des Caraïbes, expérimenta sous Menocal un rythme d'urbanisation vertigineux, se remplissant de villas somptueuses en rapport avec la richesse sucrière. C'est à cette époque (1918) que les femmes commencèrent à s'organiser en créant le Club féminin de Cuba, antécédent de luttes postérieures.

Désireux de coopérer à la politique de guerre de son allié, le gouvernement cubain accepta en 1917 que les États-Unis achètent la production sucrière en bloc à des cours qui, bien qu'élevés, restaient inférieurs à ceux du marché mondial, soit 4,60 centimes de dollar la livre, malgré la résistance des producteurs nationaux ; le même scénario se répéta en 1918, à des cours de 5,50 centimes. Indépendamment du manque à gagner se chiffrant à des centaines de millions de dollars — un geste de gratitude de Menocal pour le soutien de Washington à sa réélection — le montant total des campagnes sucrières, en hausse vertigineuse, environ quatre millions de tonnes, garantit des revenus nationaux sans précédent jusqu'alors. Ces profits restèrent aux mains de la bourgeoisie sucrière et de quelques secteurs connexes, sans jamais se traduire par des progrès sociaux d'intérêt national. La bourgeoisie cubaine, en pleine euphorie, se lança dans des spéculations qui eurent des conséquences catastrophiques.

Dès 1919, compte tenu de la fin de la guerre, du début de la récupération des régions betteravières européennes et des excédents mondiaux de sucre, les États-Unis libéralisèrent les contrôles. De leur côté, prévoyant une élévation de la consommation et donc une hausse des cours, les producteurs cubains augmentèrent encore plus leur production. La lenteur du redressement européen fit flamber les cours à des chiffres sans précédents de 22 centimes de dollar la livre, si bien que la frénésie spéculative battit son plein. Mais l'équilibre du marché fit vite descendre les cours qui s'effondrèrent pour se stabiliser à environ trois centimes dès 1920. Cette chute de l'économie fut catastrophique étant donné les transactions commerciales effectuées auparavant.

Soucieux de protéger la banque nationale, Menocal promulgua un moratoire des paiements en octobre 1920, qu'il voulut prolonger parce que le délai n'avait pas été suffisant. Mais les banques étasuniennes, qui abondaient déjà à Cuba et dont les actifs se trouvaient aux USA, exercèrent des pressions pour qu'il le levât : le gouvernement cubain céda une fois de plus et élimina le moratoire en janvier 1920 à travers les lois Torriente. Livrées à leur sort, les banques cubaines ne tardèrent pas à faire faillite pour la plupart, tandis que les banques étasuniennes, délivrées de leur concurrence, purent accroître ainsi grandement leur participation aux affaires cubaines. La dépendance de l'économie cubaine envers l'étranger s'intensifiait donc encore plus, son principal produit, le sucre, reflétant bien cet épuisement.

La crise économique provoqua bien entendu une montée des luttes des masses populaires. Des grèves sectorielles se succédèrent dans toutes les provinces, faute d'une organisation syndicale nationale capable de grouper les différentes branches ouvrières, bien que les tentatives dans ce sens fussent devenues de plus en plus fortes. Les cheminots, les ouvriers du sucre, typographes, ouvriers maritimes, portuaires et cigariers constituaient les groupes de plus de poids, mais leurs conceptions étaient encore influencées par l'anarcho-syndicalisme et le réformisme. Deux grands pas en avant eurent pourtant lieu à cette époque : la création du Groupement socialiste de La Havane en 1918 et la naissance de la Fédération ouvrière de La Havane en 1920.

Alors que son mandat touchait à sa fin, Menocal décida d'appuyer Alfredo Zayas, qui avait fait défection du libéralisme et avait créé un parti minoritaire, le Parti national — le parti des quatre pelés et un tondu, selon l'excellente définition populaire — et qui aspirait depuis déjà bien longtemps à la présidence, au détriment de son propre Parti conservateur. C'est ainsi que Zayas battit son rival, l'inévitable José Miguel Gómez, grâce au soutien du Palais présidentiel. Mais Menocal fit aussi un cadeau empoisonné au nouveau mandataire : il demanda une fois de plus aux États-Unis de lui envoyer Enoch Crowder, aussi bien pour proposer des mesures d'assainissement gouvernemental que pour « superviser » Zayas, dont la renommée d'administrateur ne pouvait être pire. Crowder arriva en janvier 1921, et ses démarches entravèrent énormément la première année de Zayas à la présidence.

Zayas, toutefois, ne pouvait pas se plaindre : il avait enfin accédé au pouvoir au terme d'une très longue attente. Mais il se retrouvait à la tête d'une nation dont l'économie traversait une grave crise, d'un peuple dont la croissance démographique était rapide et les énormes besoins insatisfaits, et où une nouvelle génération non liée aux grands hommes des guerres d'Indépendance semblait comprendre qu'il fallait remédier aux structures républicaines, dont l'échec était patent, une fois pour toutes et d'une manière radicale.

La période gouvernementale de Zayas (1921-1925) hérita les pires maux républicains. Au milieu de la crise provoquée par la chute des cours du sucre, il aurait fallu, pour stabiliser la réalité nationale, remodeler les relations avec les États-Unis en éliminant notablement la dépendance. Mais il était impossible de penser depuis l'État à une solution pareille, à supposer que le nouveau président eût été capable ensuite de la réaliser. Au contraire, Zayas tenta de supporter le séjour de Crowder en vue d'obtenir un prêt tant désiré. Le proconsul du Nord, acharné à moraliser l'administration insulaire, intervint dans tous les ministères, aussi bien « conseillant » qu'imposant des décisions, et participa même à la sélection des membres du prétendu « cabinet de l'honnêteté », au point de faire parvenir de temps à autre des mémorandums au président. Bien que la presse ait critiqué une telle ingérence dans les affaires du gouvernement cubain, le président Zayas la supporta jusqu'à ce qu'il eût obtenu un prêt de 48 millions de dollars.

Mais toute cette besogne de Crowder n'eut guère de fruits, car le gouvernement Zayas, soumis à de très fortes critiques pour le dysfonctionnement de la République, permit des fraudes, comme celles en rapport avec la Loi Tarafa, dite des sous-ports, qui bénéficiait à de nombreuses compagnies sucrières étasuniennes, ou le prétendu achat du couvent Santa Clara, escroquerie typique à la manière du libéralisme. Si au discrédit que provoquaient ces affaires, on ajoute le fait que les États-Unis relevèrent en 1922 les droits tarifaires imposés au sucre cubain de 1,60 centime à 1,76 par le biais du Tarif Fordney, on comprendra qu'au terme de vingt années de désordres républicains, une nouvelle génération différente se soit proposé de mettre fin à la corruption et aux fraudes et, dans la mesure où elle prenait conscience de la réalité nationale, de briser avec la dépendance économique et politique d'envers les États-Unis.

Voilà comment s'explique l'éclosion de mouvements sociaux sous la présidence de Zayas : étudiants, intellectuels, femmes, ouvriers, commencent à batailler et à s'organiser pour améliorer la République. Chacun de ces groupes avait ses propres prévisions, ses propres vues sur la réalité de l'île. La lutte fit comprendre aux dirigeants les plus capables — dont il y eut virtuellement une explosion durant cette étape — combien l'unité était importante non autour d'un projet sectoriel, mais en vue d'obtenir une véritable souveraineté aussi bien politique qu'économique. Et c'est alors que, en association étroite avec cette prise de conscience, l'on commença à comprendre le vrai rôle joué par les États-Unis dans les malheurs de la République.

Les idées sur la réforme universitaire débattues à l'époque à Córdoba (Argentine) eurent une grande répercussion à Cuba, et les étudiants de l'Université de La Havane, la seule du pays, entreprirent de lutter pour améliorer les programmes d'études, expulser les professeurs incompétents et les hommes de paille du régime, et participer à l'administration de l'université. C'est dans le cadre de cette lutte que la Fédération des étudiants (FEU) vit le jour en décembre 1922, et elle aura une grande importance dans l'histoire de Cuba. Son principal animateur, Julio Antonio Mella, devint le plus grand leader cubain de l'époque. Le Premier Congrès national révolutionnaire des étudiants se tint en octobre 1923 et proposa la création de l'Université populaire José Martí — un nom symptomatique — qui fut fondée en novembre et offrit des classes gratuites à des centaines d'ouvriers et de modestes employés.

Une jeune et brillante intelligentsia se fut connaître en mars 1923 en rédigeant la Protestation des Treize, qui dénonçait publiquement la corruption régnante et la fraude commise par le gouvernement Zayas en achetant d'abord le couvent de Santa Clara à un prix bien supérieur à celui qu'avait payé le vendeur. Rubén Martínez Villena fut la plus brillante figure de ce secteur des intellectuels qui s'organisa plus tard sous le nom de Groupe minoriste. Des intellectuels de plus grande expérience, conduit par Fernando Ortiz, fondèrent en avril 1923 l'Assemblée de rénovation nationale qui souhaitait réformer la vie nationale. De leur côté, les femmes en lutte réalisèrent en avril le Premier Congrès national des femmes, tentative d'inscrire les problèmes spécifiques de ce secteur dans la problématique collective nationale.

Les combattants des guerres anticolonialistes, de pair avec des figures d'une grande stature patriotique, donnèrent vie en 1923-1924 à une Association des vétérans et patriotes dont les visées réformistes partaient des frustrations des anciens mambís. Ce groupe organisa un mouvement de vétérans et patriotes qui envisageait un soulèvement pour modifier la réalité environnante. Il pouvait faire fond en l'occurrence sur l'appui de jeunes gens décidés, dont Martínez Villena. L'insurrection, qui éclata en avril 1924, fut une saynète typiquement républicaine, au point que son chef, le colonel Federico Laredo Bru, se laissa « convaincre économiquement » par Zayas d'abandonner la lutte. Le mouvement fut une grande école pour les jeunes cubains quant à la nécessité d'éviter de faire alliance à l'avenir avec les politiciens corrompus de la génération antérieure.

Les événements liés aux ouvriers eurent plus de poids et d'importance. Les grèves, qui s'intensifièrent sous Zayas, et l'expérience acquise dotèrent les ouvriers de plus de cohérence, au point qu'ils envisagèrent de fonder une centrale ouvrière unie. Et c'est ainsi qu'après différents aléas, la Confédération nationale ouvrière de Cuba (CNOC) qui regroupait des milliers de travailleurs vit le jour en février 1925. Cette création d'organisations fut complétée en août 1925 par la fondation du Parti communiste de Cuba, processus au cours duquel Julio Antonio Mella joua un rôle décisif. Dans la troisième décennie de la République, les structures idéologiques et politiques des travailleurs, de la petite bourgeoisie et de l'intelligentsia patriotique se renforcèrent substantiellement pour permettre le penser à une modification du statu quo.

Il est évident que l'oligarchie cubaine, tout comme la classe 'itique et le gouvernement étasunien, comprit qu'il fallait 'r le pire en mettant en place un nouveau président qui, lifférence de Zayas, aurait la main très dure contre les 'ts nationalistes. Le choix retomba sur un ancien général membre éminent de libéralisme, déjà connu pour ses attitudes répressives à d'autres moments : Gerardo Machado y Morales. Le capital étasunien parvint à le faire élire contre d'autres candidats libéraux. Son gouvernement, qui débuta le 20 mai 1925, devint la plus terrible dictature qu'ait connue Cuba dans la première moitié du XXᵉ siècle.

Une décennie capitale

Presque un quart de siècle après l'établissement de la République, les terribles problèmes économiques, les tares gouvernementales et l'aggravation des maux sociaux exigeaient que la nouvelle équipe au pouvoir leur prêtent une attention spéciale. La population cubaine, qui se montait selon le recensement de 1931 à 3,96 millions d'habitants, réclamait de profondes transformations. Or, toute altération de l'environnement républicain, si elle voulait se faire dans la dignité, dans un pays où, en 1928, le total des investissements étasuniens atteignait la somme incroyable de 1,5 milliard de dollars, devait forcément modifier dans de nombreuses directions la dépendance d'envers les USA, ce que ceux-ci ne permettraient pas. Ce qui explique pourquoi Machado se proposa, dans l'étroite marge de manœuvre qu'on lui laissait, de promouvoir un programme économique sans précédent dans le pays. Se fondant sur ses excellentes relations avec Washington et sur la légère récupération de l'économie sucrière enregistrée à partir de 1923, il s'efforça d'opérer certains changements dans le domaine économique.

Son programme ne pouvait pas porter de fruits. La réduction de la campagne sucrière afin d'équilibrer offre e prix eut pour seule conséquence de réduire la participatio de Cuba sur le marché mondial dans la mesure où les aut producteurs n'en firent pas autant. Son plan coûteux de trav publics : terminer le Capitole national, faire le grand escalier d'honneur de l'Université de La Havane, allonger le boulevard du front de mer (Malecón) de La Havane, construire la Route nationale cubaine, ne donna pas plus de résultats. Ceci permit de réduire le chômage durant un temps, en échange de quoi Machado demanda de la banque étasunienne des prêts supérieurs à ceux de tous ses prédécesseurs réunis. La réforme tarifaire de 1927, le plus ambitieux de ses projets, n'atteignit pas non plus ses objectifs dans la mesure où les taxes imposées aux produits étrangers pour favoriser la production interne ne pouvaient pas modifier les clauses du Traité commercial de 1902. Ne cherchant pas à briser la dépendance d'envers l'étranger, les réformes de Machado ne donnèrent pas les fruits escomptés. Et la faiblesse de ses conceptions finit par opposer le président aux secteurs patriotiques de la société cubaine.

Au début de sa présidence, Machado put compter sur l'appui des secteurs oligarchiques et des groupes politiques, ce qui lui permit de favoriser l'idée du « coopérativisme » : éviter les maux de la République grâce au soutien politique de la bourgeoisie. C'est dans ce contexte qu'une Loi d'urgence électorale fut promulguée en 1925 ; le régime envisagea très vite une prorogation des pouvoirs puis entreprit une campagne en faveur de la réélection du président, ce qui le priva des soutiens relatifs dont il avait joui jusque-là.

Mais les politiciens traditionnels ne purent jamais structurer un front commun contre la dictature qui commençait à se dessiner, car leur intérêt se bornait à profiter eux-mêmes du pouvoir en en écartant Machado. Les couches moyennes, en particulier les étudiants, entreprirent en revanche des actions bien plus résolues contre Machado. Julio Antonio Mella, expulsé de l'Université en 1925, fit une grève de la faim qui mobilisa en sa faveur différents secteurs nationaux. Exilé au Mexique, devenu un leader révolutionnaire continental, il fut assassiné par la dictature de Machado en 1929. Deux ans avant, en 1927, un Directoire étudiant (DEU) avait vu le jour à l'Université de La Havane pour s'opposer à la prorogation des pouvoirs, mais il fut de courte durée.

Compte tenu des agissements du gouvernement, les grèves ne cessèrent de se multiplier à partir de 1930, ainsi que les protestations des étudiants et des petites et moyennes bourgeoisies. On peut considérer cette année-là comme celle où la lutte populaire fit brusquement irruption dans l'arène politique. Il n'empêche que ni l'oligarchie ni les masses ne s'étaient dotés d'un programme structuré et cohérent, si bien que les actions restaient encore sectorielles et n'étaient pas unifiées. Carlos Mendieta y Montefur, faisant dissidence du libéralisme, avait fondé l'Union nationaliste dans le cadre de la politique traditionnelle. Les universitaires créèrent en 1930 le Directoire étudiant, bien plus fort que le précédent, à partir duquel se forma en 1931 l'Aile gauche étudiante, qui avait des liens avec le Parti communiste. La constitution, en 1931, de l'ABC, un groupe formé en sa majorité de membres des couches moyennes, eut une grande importance : doté d'une structure interne atypique dans le panorama national, il ne combattait pas toutefois la dépendance.

La lutte des universitaires repartit de plus belle à compter du 30 septembre 1930 quand la répression d'une manifestation provoqua, non seulement des blessés, mais aussi la mort d'un dirigeant étudiant, Rafael Trejo. De leur côté, les groupes politiques traditionnels conduits par Menocal y Mendieta, tentèrent un simulacre de soulèvement à Río Verde, en août 1931, qui fut rapidement écrasé par les troupes de Machado. Cette tentative prouva que les vieux politiciens n'étaient pas capables de conduire une véritable lutte, mais que, au contraire, les étudiants et les travailleurs pouvaient en finir avec la tyrannie.

La situation critique de l'économie mondiale, notoire depuis 1929, eut de très fortes retombées sur Cuba. En ce qui concerne le sucre, les cours finirent par osciller entre 0,71 et 0,97 centimes de dollar au début des années 30. La production totale de sucre cubaine chuta de 5,1 millions de tonnes en 1929 à 2 millions en 1933. Ni le Plan Chadbourne, de 1930, ni les fortes restrictions que Cuba s'imposa dans le cadre de l'Accord international sucrier de 1931 n'aidèrent à alléger la crise sucrière. Par-dessus le marché, les États-Unis instituèrent en 1930 un nouveau tarif, dit loi Hawley-Smoot, qui élevait la taxe imposé au sucre cubain jusqu'à deux centimes de dollar la livre. Ces facteurs, et d'autres plus généraux de nature économique, expliquent pourquoi Cuba, qui fournissait le marché étasunien à hauteur de 52 p. 100 en 1929, ne représentait plus que 25 p. 100 en 1933, ce qui entraîna une hausse considérable du chômage dans l'île et une forte réduction de la durée de la campagne sucrière. La grave crise économique à laquelle dut faire face Machado et la répression qu'il déclencha pour que la population l'accepte sans broncher augmentèrent notablement l'opposition populaire à son gouvernement.

Compte tenu des problèmes cubains, les États-Unis décidèrent en mars 1933 de dépêcher à La Havane un nouvel ambassadeur, Benjamin Sumner Welles, pour mettre les différents secteurs d'accord et pour régler la crise par « en-haut ». La « médiation », comme on l'appela, visait à garantir le consensus entre les groupes politiques qui décidèrent pour la plupart de collaborer avec le fonctionnaire étasunien. Le DEU et les communistes se maintinrent à l'écart. Welles fut incapable de comprendre que la réalité cubaine était si au bord de l'explosion que la classe politique traditionnelle ne contrôlait plus la situation, à quoi il fallait joindre l'entêtement de Machado qui s'accrochait au pouvoir. Un énorme mouvement de grèves dans tout le pays fit chuter, le 12 août 1933, le dictateur qui s'enfuit de Cuba.

Un homme politique anodin, mais au nom illustre, Carlos Manuel de Céspedes, fut nommé comme président provisoire pour maintenir le même régime sans Machado. Mais, profitant d'une conspiration de sergents dans différentes casernes, les étudiants et les couches moyennes le déposèrent le 4 septembre, ce qui ouvrit la voie à un gouvernement sans précédent fait de cinq personnes, d'où son nom de Pentarchie. La participation des sergents à ce coup de force marqua l'apparition de Fulgencio Batista dans l'histoire nationale.

Un système gouvernemental aussi étranger aux besoins objectifs de cette époque ne pouvait guère durer, et la Pentarchie disparu le 10 septembre pour céder la place à ce qui est passé à l'histoire comme le Gouvernement des Cent Jours (bien qu'il ait duré un petit peu plus), l'expression maximale de ce que pouvait produire la Révolution des années 30, et dont le président fut un professeur universitaire, Ramón Grau San Martín, qui participait activement à la vie politique nationale depuis des années.

En fait, le vrai animateur en fut le secrétaire à l'Intérieur, à la Guerre et à la Marine, Antonio Guiteras Holmes, une personnalité capitale de l'époque, radicalement anti-impérialiste. Il représentait au gouvernement l'idéologie patriotique révolutionnaire la plus avancée, tandis que Grau se caractérisait par un tiède réformisme et que Batista, qui se nomma colonel puis fut désigné chef des forces armées, représentait la pensée conservatrice et était déjà en rapport étroit avec l'ambassade étasunienne. Cette corrélation de forces explique pourquoi le gouvernement, malgré les efforts de Guiteras, ne put se doter d'un programme commun anti-impérialiste visant à un changement radical et qu'il dut faire face aux forces croissantes de la réaction oligarchique, d'autant que d'autres secteurs sociaux, dont les communistes, rechignaient à l'appuyer.

Malgré sa courte durée, le gouvernement Grau, sous les pressions du secteur radical conduit par Guiteras, imposa de mesures de grand bénéfice national : journée de travail de huit heures ; loi selon laquelle la moitié des travailleurs d'un centre devait être des Cubains ; réduction des tarifs de l'électricité et du gaz ; droit de vote à la femme ; intervention de la Compagnie cubaine d'électricité, de propriété étasunienne. De telles mesures renforcèrent l'opposition de la bourgeoisie et empêchèrent que Washington reconnût ce gouvernement. La polarisation des groupes habituels se traduisit, en octobre 1933, par ce qu'on a appelé la bataille de l'hôtel Nacional, ce majestueux édifice de La Havane où s'étaient réfugiés les vieux officiers délogés de l'armée par les nouveaux venus — expression de la crise sociale que traversait le pays. Batista, en tant que bras armé de l'ambassade étasunienne dont le chef était alors Jefferson Caffery, profita habilement de cette crise pour unir les politiciens traditionnels inquiets des orientations du gouvernement. Bien que Guiteras eût dénoncé le travail de sape antinational de Batista, le président Grau ne se décida pas à le substituer.

Rien d'étonnant, donc, qu'un coup de main contre-révolutionnaire ait liquidé le gouvernement dit révolutionnaire le 15 janvier 1934. D'un commun accord, la réaction traditionnelle, l'ambassade étasunienne et Batista installèrent au pouvoir le colonel mambí Carlos Mendieta, une simple marionnette, qui dura jusqu'à fin 1935 et qui fut connu de ce fait comme le gouvernement Caffery-Batista-Mendieta. Ce coup de force marqua la fin du cycle révolutionnaire ascendant et le retour au pouvoir de l'oligarchie nationale dépendante. Guiteras dut entrer dans la clandestinité et fonda en 1934 une organisation d'un type nouveau, la Jeune Cuba, à visées insurrectionnelles. De leur côté, les secteurs réformistes créèrent le Parti révolutionnaire cubain (authentique) dont la direction fut rapidement confiée à Grau.

Pour prouver son accord avec la nouvelle situation, l'administration étasunienne reconnut aussitôt Mendieta dont le gouvernement promulgua en février 1934 une Loi constitutionnelle éloignée des intérêts populaires. En mai, il signa un nouveau Traité de réciprocité commerciale qui, tout en réduisant les droits imposés à certains produits nationaux, obligeait Cuba à faire des concessions de jusqu'à 60 p. 100, ce qui aggravait bien entendu la dépendance économique. Une équipe de spécialistes étasuniens, sous les auspices de la Foreing Policy Association, étudia la réalité cubaine et proposa d'introduire de discrets changements dans le panorama économique, l'étude voyant le jour en 1935 sous le titre de Problemas de la Nueva Cuba. La crise sucrière nationale fut d'autant moins réglée que Washington implanta en 1934 un système de contingentements pour les livraisons de sucre sur son marché national, les quotas de Cuba ayant été fixés à seulement 29,4 p. 100 de la consommation étasunienne, un chiffre bien inférieur aux moyennes historiques. Cette loi dite Costigan-Jones stabilisait donc la production sucrière cubaine à de très bas niveaux et empêchait toute croissance des livraisons sur son principal et presque unique marché.

Parallèlement au Traité de réciprocité commerciale, Washington rendit aussi un grand service à Mendieta en supprimant, en mai, l'Amendement Platt en vigueur depuis plus de trente ans et d'autant plus inutile que la dépendance de Cuba envers les USA était devenue quasi-totale. Mais ni le nouveau Traité ni l'abolition de l'appendice constitutionnel ne put arrêter les grèves et les manifestations des masses, qui refusaient de perdre leurs espoirs d'une véritable transformation socio-économique. Incapables de s'unir, les groupes révolutionnaires dispersés organisèrent une grève générale en mars 1935 sans avoir éliminé leurs propres visions subjectives. Mais la grève fut réprimée sauvagement par

Fulgencio Batista. Le Parti authentique et l'ABC eurent une grande part de responsabilités dans cet échec. Selon certains historiens, la grève fut le dernier grand acte révolutionnaire des années 30 ; pour d'autres, la fin du combat populaire est représentée par l'assassinat de Guiteras à El Morrillo, en mai. Quoi qu'il en soit, la Révolution des années 30 était finie.

4
L'antichambre et le début de la révolution

La lutte autour de la Constitution

Le précaire équilibre politique obtenu par les secteurs oligarchiques leur permit de regrouper leurs forces en vue des élections présidentielles fixées à janvier 1936. Mendieta dut démissionner à cause de la méfiance que provoquait sa figure en matière de campagne électorale. Conduite sous une direction anodine, la consultation populaire éleva à la plus haute magistrature Miguel Mariano Gómez, fils de l'ancien président José Miguel Gómez, et typique représentant d'une classe politique usée et incapable de restructurer une société en crise. C'est en mai que le nouveau président assuma la tâche difficile de conduire la nation cubaine.

De 1936 à 1939, Batista consolida son rôle de grande figure de l'armée où l'ascension au rang d'officier de bon nombre de ses partisans, l'octroi d'avantages aux soldats de rang et sans doute ses dons de commandement en firent un chef militaire indiscuté. Le nouveau président Miguel Mariano Gómez évalua mal ce facteur et, se croyant appuyé par la population, entra en contradiction avec l'ancien sergent. Le motif de la friction n'avait guère d'importance en soi, car ce qui était en jeu au fond c'était le contrôle de l'armée et de la nation. Avec l'accord de l'ambassade étasunienne, Batista obtint − ce qui semble incroyable − que le Sénat dépose le président en décembre 1936, le vice-président, Federico Laredo Bru, lui succédant.

La situation critique de l'économie poussa Batista à promouvoir en 1937 une loi dite de Coordination sucrière qui ne pouvait pas faire grand-chose pour le développement d'un produit à haut risque sur le marché mondial, et, cette même année, un coûteux Plan triennal, abandonné peu après, qui visait dans le fond à implanter des bénéfices pour le secteur militaire. C'est à partir de ces années-là que, compte tenu de l'instabilité politique et l'épuisement du secteur sucrier, les investissements étasuniens commencèrent à se contracter pour se placer dans des pays et des activités plus rentables.

Le mandat de Laredo Bru constitua une étape de sérieux efforts pour faire promulguer une nouvelle Constitution qui recueillerait sur le plan légal les principales demandes des luttes contre Machado. De même, la situation internationale, caractérisée par la montée du nazisme allemand en alliance avec le fascisme de Mussolini, et, par conséquent, les préparatifs de la Deuxième Guerre mondiale provoquèrent un travail actif en faveur des nations opprimées, dont le grand exemple furent le soutien que reçut la République espagnole, l'intellectuel cubain Pablo de la Torriente Brau apparaissant à cet égard comme une personnalité marquante. L'attitude du gouvernement étasunien − qui pratiquait alors la politique dite de « bon voisinage » et condamnait les régimes d'origine militaire à visées dictatoriales − poussa Batista, très au courant de ce qu'il se passait à Washington, à tenter de redorer son image en se séparant de l'armée et en faisant des déclarations de type démocratique. Ceci explique aussi pourquoi il exprima son accord avec la convocation d'une assemblée constituante et, auparavant, avec les mesures qui introduisaient de nouveaux sujets dans la société civile.

Parmi ces dispositions, deux eurent une importance spéciale pour l'avenir du pays. En 1938, tous les partis furent légalisés, dont le Parti communiste qui put se réorganiser comme Union révolutionnaire communiste et participer ainsi aux préparatifs de la Constituante ; en janvier 1939, à l'unisson de ce qui se passait en Amérique latine, vit le jour la Confédération des travailleurs de Cuba (CTC), très liée au parti susmentionné, ce qui concrétisait le vieux rêve d'une seule organisation ouvrière nationale.

Une fois élus les quatre-vingt-un délégués, l'Assemblée constituante se réunit en février 1940. Le regroupement des forces politiques face à une réunion d'une telle importance donna le triomphe au bloc des opposants, parmi lesquels se distinguait le Parti authentique. Les forces progressistes nationales firent un sérieux effort pour transcrire dans la nouvelle Constitution les besoins de la population, mais la droite présente à l'Assemblée manœuvra avec assez d'habileté pour émousser le fil de nombreuses réclamations populaires. C'est finalement le 1er juillet que les Constituants signèrent, non sans beaucoup de retard, le document.

Même si la Constitution ne faisait pas siennes toutes les aspirations du processus révolutionnaire des années 30, on ne saurait nier qu'elle était progressiste en général, allant bien au-delà de celle de 1901, et que certaines de ses clauses sortaient des cadres de la « démocratie » bourgeoise en vigueur à Cuba, comme le droit à l'enseignement gratuit et surtout l'interdiction du latifundio, une mesure qui, bien que difficile à appliquer dans la réalité de l'île, n'en était pas moins importante. Comme une bonne partie des séances de l'Assemblée constituante fut transmise à la radio, le peuple put suivre de près les débats. Une fois la Constitution signée, les élections présidentielles portèrent au pouvoir Fulgencio Batista pour le mandat prévu de 1940 à 1944, cette fois-ci officiellement.

Ce mandat se déroula sous le signe de la Deuxième Guerre mondiale, au cours de laquelle Batista coopéra avec le gouvernement étasunien comme allié au petit pied, entrant en guerre à ses côtés. Répétant le scénario de la guerre précédente, les États-Unis utilisèrent le sucre comme un produit de guerre d'une grande importance, et suspendit le système des contingentements. Cuba vendit de nouveau ses récoltes en bloc aux USA de 1942 à 1947. La récolte totale passa de 2,8 millions de tonnes à 4,3 millions en 1944. Cette augmentation de la production, ce qui impliquait une campagne sucrière plus prolongée et donc moins de chômage, et d'autres facteurs firent diminuer le nombre de grèves ouvrières sous Batista, à quoi il faut ajouter le soutien accordé par le parti communiste à un gouvernement qui avait déclaré la guerre aux puissances de l'Axe et reconnu l'Union des républiques socialistes soviétique (URSS).

Selon le recensement de 1943, le pays comptait presque 4,9 millions d'habitants, dont près d'un million correspondait à La Havane et sa banlieue. La forte croissance des communications, surtout aériennes, avec les États-Unis et la dépendance envers ce pays firent proliférer la « façon de vivre américaine » et les mœurs de l'Étasunien moyen, comme le prouve, par exemple, l'ouverture des « grands magasins ».

Bien que les masses populaires l'aient exigé et qu'elles aient lutté dans ce sens, les lois complémentaires de la Constitution de 1940, sans lesquelles ses clauses ne pouvaient vraiment entrer en vigueur, ne furent jamais rédigées, car Batista se garda bien de promouvoir un tel exercice qui aurait porté atteinte aux intérêts de l'oligarchie cubaine, à plus forte raison quand sa priorité était de garantir par tous les moyens possibles la production sucrière qu'exigeaient les États-Unis, lancés dans la guerre. À la fin de son mandat, Batista fut remplacé par Ramón Grau San Martín, chef du Parti révolutionnaire cubain (authentique), un vieux renard de la politique nationale.

Les « Authentiques » au gouvernement

Le Parti révolutionnaire cubain (authentique) gouverna Cuba durant deux mandats consécutifs : de 1944 à 1948, avec Ramón Grau San Martín, et de 1948 à 1952 avec Carlos Prío Socarrás.

Dans l'histoire de la République, aucun autre parti n'avait éveillé une telle attente au pouvoir, compte tenu de la sympathie des masses à son égard. Bien que limité, son programme réformiste fut appuyé par des centaines de milliers de Cubains qui espéraient voir enfin la « révolution authentique » appelée à transformer la vie nationale.

Grau San Martín n'était pas à la hauteur des demandes populaires et ne cherchait pas à l'être, et son refus absolu de pactiser avec d'autres organisations, en particulier avec les communistes, lui fermait toutes les portes. Son gouvernement fut un exemple patent de « laisser faire » et de répression contre les luttes des travailleurs. Quant à Prío, il tenta au départ de donner une image de sérieux présidentiel, introduisant quelques changements timides, mais les bandes armées de l'époque (pandilleros) finirent par contrôler la réalité nationale. Le réformisme « authentique » fit vite la preuve de son incapacité à modifier le statu quo du pays.

Grau bénéficia pourtant à son arrivée au pouvoir de nombreuses circonstances favorables découlant de la conjoncture internationale. La guerre mondiale touchait à sa fin, mais les États-Unis continuaient d'acheter la récolte sucrière cubaine en bloc, de sorte que les revenus nationaux maintenaient une relative stabilité et que Cuba put récupérer une part plus importante du marché étasunien, à hauteur de près de 40 p. 100. Cuba fut parmi les fondateurs de l'Organisation des Nations Unies (1948), un théâtre où le gouvernement « authentique » put, en maintenant une posture propre, améliorer l'image internationale de la politique cubaine. Bien que la mise en place de l'Accord général sur les tarifs douaniers et le commerce (GATT) ait limité les possibilités de remodeler largement l'économie cubaine, la signature en 1947 d'un accord particulier (exclusif) avec les États-Unis stimula différentes productions agricoles.

Durant le gouvernement de Batista, une coopération stable s'était instaurée entre le pouvoir exécutif et les communistes, au point que certains dirigeants avaient été nommés ministres. Grau, au contraire, profitant des tensions croissantes entre Washington et Moscou dans le cadre de la Guerre froide, s'attacha à marginaliser les membres du parti communiste qui avait pris le nom de Parti socialiste populaire (PSP) en 1944. Le nouveau président avait aussi tenté au préalable d'éliminer l'influence de Batista dans l'armée en cassant les cadres qui lui étaient dévoués et en les remplaçant par ses propres sympathisants ; le résultat obtenu, bien que très relatif, permit toutefois à Grau de pouvoir compter sur des militaires prêts à tout pour traquer tout militant social. C'est dans le cadre de cette politique que les acolytes du gouvernement obtinrent que la Confédération des travailleurs de Cuba (CTC) liquide l'influence communiste à son Cinquième Congrès de 1947 et se convertisse en un instrument de plus du pouvoir « authentique ».

Le Groupe de répression des activités subversives, récemment créé, poursuivit et contrôla les dirigeants ouvriers restés fidèles à la CTC originaire. Sous Grau, les travailleurs sucriers firent preuve de leurs traditions combatives en luttant pour le paiement du « différentiel sucrier », autrement dit l'augmentation du paiement aux ouvriers du sucre en proportion de la hausse des cours de celui-ci. Cette revendication fut obtenue grâce à l'énergie déployée par le dirigeant ouvrier Jesús Menéndez, ce qui lui coûta la vie puisqu'il fut assassiné impunément en janvier 1948 par un officier de l'armée. Les USA publiaient cette même année une nouvelle loi concernant les exportations de sucre sur le marché étasunien, qui en octroyait à Cuba à peine 28,6 p. 100, un taux bien inférieur à la moyenne des années de guerre et insuffisant de toute évidence pour répondre aux besoins du pays.

Avant la fin de son mandat, Grau dut faire face à un événement très important : la scission de son Parti authentique. Frustré par son incapacité à satisfaire aux exigences populaires et à reformuler la vie républicaine, l'un de ses proches collaborateurs, Eduardo Chibás, créa en 1947 un nouveau parti, le Parti du peuple cubain (orthodoxe) et le dota d'un programme réformiste plus radical que le précédent. Sa volonté de moraliser l'administration publique et de poser en de nouveaux termes l'éthique républicaine, de pair avec les dons d'orateur de Chibás, donnèrent au nouveau parti un appui énorme des masses cubaines, désireuses d'améliorer leur situation socio-économique. À compter de la fin des années 40, le Parti orthodoxe devint la principale force politique à Cuba.

Carlos Prío, dont le mandat commença en 1948, devait faire oublier tout le discrédit qui pesait sur le Parti authentique à cause du mauvais gouvernement de son prédécesseur. Aussi s'efforça-t-il au départ de redorer l'image de son parti et la sienne propre : ayant fait savoir son intérêt à élaborer les lois complémentaires encore en instance de la Constitution de 1940, il en promulgua quelques-unes dont celle qui normalisait le fonctionnement des provinces et des communes. Ayant aussi affirmé que son gouvernement combattrait la corruption habituelle par une politique de « nouvelles orientations » républicaines, il prit en considération certaines suggestions de la commission de la Banque internationale de reconstruction et de développement (BIRD) qui étudia la difficile situation du pays en 1950 et publia ses conclusions comme Rapport Truslow. La création de la banque Banco de Fomento Agrícola e Industrial de Cuba (BANFAIC) répondit à cette politique, mais ses résultats ne furent vraiment pas perçus par la société.

Il était impossible de contrôler dûment la corruption administrative dans la mesure où les alliances honteuses au sein du gouvernement favorisaient le désastre moral de la

République. Bandes, gangsters, voleurs constituaient en fait une part essentielle de l'équipe gouvernementale, ce qui provoquait une situation de terrible insécurité à La Havane. Les assassinats et les règlements de compte entre factions étaient monnaie courante dans la capitale, sans que Prío et son équipe fassent quoi que ce soit pour remédier à ce terrible état de choses. Bien au contraire, les ministres étaient les premiers à mettre la main dans le trésor public, et leurs relations avec les groupes de gangsters étaient de notoriété publique.

Ceci explique la popularité énorme dont jouissait le dirigeant orthodoxe, Eduardo Chibás, qui critiquait et dénonçait jour après jour à la radio la corruption du régime, sans crainte de donner les noms des fonctionnaires impliqués. Son suicide — une décision qu'il prit pour n'avoir pas pu prouver l'une de ses dénonciations — bouleversa la nation en août 1951 et fit de sa figure un paradigme d'honnêteté politique. Ses jeunes partisans se firent vite sentir dans la vie nationale.

Compte tenu du discrédit du Parti authentique et du panorama désolant de la politique traditionnelle, un seul groupement avait les forces suffisantes pour négocier un virage radical : le Parti orthodoxe. S'il est vrai que la mort de Chibás l'avait privé du charisme d'un leader et émoussé, il n'en reste pas moins que son programme politique et les retombées des campagnes d'un chef dont l'auréole brillait maintenant plus que jamais faisaient prévoir qu'il remporterait les prochaines élections. Il faut dire que le Parti orthodoxe, doté d'un programme réformiste démocratique, n'aurait pu faire grand-chose, en réalité, pour transformer Cuba en restant dans les cadres de la dépendance extérieure, mais ses ambitions hautement nationalistes et les sacrifices que le brillant groupe de jeunes gens qui le composaient — bien plus radicaux en politique que les orthodoxes traditionnels — était prêt à faire effrayaient trop l'ambassade étasunienne et, bien entendu, Fulgencio Batista, qui aspirait à retourner au pouvoir en 1952.

On n'ignorait pas, bien des semaines avant le mois de mars, les manigances de Batista, ses tentatives d'unir ses anciens collègues militaires et ses visites fréquentes au siège diplomatique des États-Unis, et Prío fut informé que quelque chose se tramait, mais il n'adopta aucune mesure pour empêcher un coup de main contre les normes constitutionnelles. Batista, qui savait que les maigres forces de son Parti d'action unitaire (PAU) et le peu de respect que méritait le souvenir de son mandat présidentiel ne lui permettraient pas d'empêcher la victoire du Parti orthodoxe aux prochaines élections, saisit habilement l'intérêt de l'oligarchie cubaine d'installer un « homme fort » au pouvoir qui, tout en complaisant à Washington, contrôlerait le chaos intronisé par le Parti authentique. Il s'agissait d'appliquer une politique de fer aussi bien contre les bandes et les gangsters que contre les luttes et les demandes populaires. C'est la conjonction de tous ces facteurs qui explique pourquoi Batista put, le 10 mars 1952, faire un coup d'État qui écarta Carlos Prío du pouvoir.

Celui-ci ne fit pas le moindre effort pour résister et n'envisagea même pas de diriger la lutte contre ce putsch qui portait un coup terrible à la maigre expérience démocratique cubaine en cours depuis à peine 1940. Le Parti orthodoxe, à cause de ses divisions internes, protesta faiblement, recourant aux vieux mots d'ordre de l'abstention qui ne modifiaient en rien la situation. Le Parti socialiste populaire dénonça le coup d'État, mais sa faible quantité de membres, son isolement et des tactiques fermées l'empêchaient de conduire l'opposition à Batista. La Fédération étudiante, elle, tenta énergiquement d'empêcher la violation de la Constitution, sans pouvoir faire autre chose que des manifestations de refus énergiques.

Ce fut en fait au sein de la Jeunesse du Parti orthodoxe que l'indignation et l'envie de lutte eurent le plus de portée. Ses membres comprirent vite qu'une transformation radicale de la vie nationale impliquait la rupture avec les méthodes de la politique traditionnelle, la suppression de toute forme de dépendance d'envers les États-Unis et le déploiement, en matière de lutte, de « formules nouvelles », selon la belle expression de José Marti. Déjà présente chez Antonio Guiteras, l'idée d'une insurrection armée contre la nouvelle dictature devenait la voie idéale pour restructurer vraiment et à fond la société et l'économie de Cuba.

Dictature de Batista et lutte insurrectionnelle

Ainsi donc, compte tenu de la passivité des politiciens traditionnels face à la dictature, la solution de la lutte armée pour la renverser et imposer une solution radicale aux grands problèmes de la société cubaine apparut très tôt. C'est un avocat quasiment inconnu de vingt-six ans, Fidel Castro, qui se chargea de lancer l'insurrection populaire à la tête d'un groupe nourri de jeunes gens, presque tous travailleurs salariés ou chômeurs de modeste origine — parmi lesquels se distinguait Abel Santamaría — entraînés d'une manière clandestine, qui attaquèrent le 26 juillet 1953 les casernes de Santiago de Cuba, la seconde du pays en importance, et de Bayamo.

L'attaque de la caserne Moncada ayant échoué, la centaine d'hommes guidés personnellement par Fidel Castro dut se retirer. Accompagné d'un petit groupe, le chef révolutionnaire se replia vers la Sierra Maestra, tandis que plus de cinquante assaillants qui avaient été capturés ou s'étaient rendu à l'armée furent sauvagement assassinés. La pression de l'opinion publique et la mobilisation opportune de la presse et des autorités ecclésiastiques permirent de sauver la vie des autres révolutionnaires.

Des dizaines de prisonniers, dont beaucoup sans le moindre rapport avec les événements de la Moncada, furent jugés à Santiago à partir du 21 septembre 1953. Le frère de Fidel, Raúl, fut condamné à treize ans de prison et les autres assaillants à des peines allant de trois à dix ans. Fidel Castro fut jugé à part le 16 octobre, prononçant une plaidoirie qui sera connue ensuite comme L'Histoire m'acquittera et où il annonça un programme à visées démocratiques, sociales et nationalistes, qui devint la base permettant ensuite de concrétiser un vaste front contre la dictature. Les mesures proposées par Fidel comprenaient la saisie de tous les biens acquis en fraude sous la dictature et les gouvernements corrompus antérieurs, une réforme agraire et la nationalisation des monopoles étasuniens de l'électricité et des téléphones.

Fidel Castro et ses compagnons furent amnistiés en mai 1955 grâce aux pressions populaires, Batista voyant là une manière de légitimer les élections de l'année précédente. Mais Fidel Castro, harcelé par la dictature et craignant pour sa vie, dut prendre le chemin de l'exil au Mexique, non sans avoir organisé avant le Mouvement du 26-Juillet. Le Manifeste n° 1 du Mouvement, que Fidel fit connaître à Mexico en août, était un document encore plus radical que L'Histoire m'acquittera, tout en se basant sur les mêmes points : il lançait un appel sans équivoque à la révolution et incluait dans ses propositions la réforme agraire, la baisse des impôts, le rétablissement des droits du travail, l'intéressement des ouvriers et des employés aux profits des entreprises, l'industrialisation du pays, un vaste programme de construction de logements, la baisse des loyers, la nationalisation des services de base, le développement de l'éducation et de la culture, la réforme du système juridique et la saisie des biens mal acquis.

Le 25 novembre 1956, quatre-vingt-deux hommes décidés à reprendre la lutte armée contre la dictature appareillèrent de Tuxpan (Mexique) sur le yacht Granma. Le manque de synchronisation avec le soulèvement de Santiago de Cuba organisé sous la direction de Frank País — le yacht arriva deux jours trop tard — et les attaques de l'armée gouvernementale provoquèrent la dispersion des expéditionnaires au combat d'Alegría de Pío, si bien que seule une poignée, conduite par Fidel Castro, put rejoindre la Sierra Maestra. Malgré ces durs revers et son peu de membres, la guérilla se consolida peu à peu grâce à l'aide des paysans et à l'incorporation de nouveaux combattants réalisés à travers Celia Sánchez. C'est ainsi que les révolutionnaires purent s'emparer, le 17 janvier 1957, de la petite caserne de La Plata et remporter le 28 mai une victoire significative au combat de l'Uvero, tandis qu'un solide base d'opérations s'organisait dans les zones libérées de la Sierra Maestra.

Parallèlement, un autre mouvement armé, celui du Directoire révolutionnaire, formé essentiellement d'étudiants, échoua dans sa tentative d'exécuter Batista dans son Palais présidentiel le 13 mars 1957, une action au cours de laquelle mourut, entre autres, son chef, José Antonio Echeverría, président de la Fédération étudiante. Plus tard, le Directoire révolutionnaire du 13-Mars fonda son front guérillero au centre de l'île, tandis que d'autres organisations, comme le Parti socialiste populaire, rejoignaient la lutte directe contre le régime militaire.

Dans la Sierra Maestra, après avoir repoussé l'offensive militaire déclenchée par la tyrannie au printemps de 1958 — pour profiter de l'échec de la grève générale du 9 avril — l'Armée rebelle décida d'envahir le reste du pays, un processus qui avait débuté quelques mois avant quand la colonne conduite par Raúl Castro s'était établie dans les régions montagneuses du nord de la province d'Oriente. La colonne commandée par Camilo Cienfuegos abandonna la Sierra Maestra en vue d'atteindre l'extrémité occidentale du pays, tandis qu'une autre, aux ordres de l'Argentin Ernesto Che Guevara, se dirigeait vers les montages de l'Escambray. Ces deux colonnes, avant-garde de l'Armée rebelle, après avoir parcouru la plaine harcelée par l'ennemi, aboutirent au centre de l'île fin 1958.

Le couronnement de l'offensive révolutionnaire fut la libération de Santa Clara, chef-lieu de la province centrale, par la colonne du Che Guevara, après la destruction du train blindé dépêché en hâte depuis La Havane pour contenir les rebelles, et la prise de Santiago de Cuba et de Guantánamo par les forces de Fidel et de Raúl Castro, respectivement. Ces victoires précipitèrent la fuite de Batista le 1er janvier 1959. Bien que le haut commandement militaire ait, de connivence avec l'ambassade étasunienne, manigancé pour empêcher la victoire des forces révolutionnaires, la grève générale ordonnée par Fidel Castro paralysa le pays et assura le triomphe définitif.

5
Gouvernement révolutionnaire

La transition au socialisme

Un Gouvernement révolutionnaire se constitua au triomphe de la Révolution, présidé au départ par le magistrat Manuel Urrutia. C'est seulement le 13 février 1959 que Fidel Castro occupe le poste de Premier ministre. Les premières mesures révolutionnaires, prises dans un climat de mobilisation populaire enthousiaste, impliquèrent la dissolution des organes politiques et militaires de la dictature, le procès des criminels de guerre et l'adoption de mesures de grand bénéfice social et populaire, dont la baisse des tarifs du téléphone et la réduction de moitié des loyers, la promotion de la consommation de produits nationaux et la construction de logements à loyers modérés.

Les nombreux biens de Batista et de ses affidés furent saisis. L'Imprimerie nationale de Cuba fut crée dans les ateliers d'un journal confisqué afin de publier des livres bon marché. Les plages privées furent ouvertes au peuple, et de grosses ressources furent consacrées à la santé publique et à l'éducation, tandis que de nombreuses casernes furent converties peu à peu en écoles publiques. Grâce à ces mesures et à bien d'autres, le pouvoir d'achat de la population augmenta substantiellement dans les huit premiers mois de 1959. Ce à quoi contribua le bon développement de l'économie (un taux de croissance de 10 p. 100 dans les deux premières années) et la bonne production de sucre : une moyenne de 6,2 millions de tonnes en 1959, 1960 et 1961, bien supérieure à celle de 5,4 millions entre 1950 et 1958.

La mesure la plus importante des premiers mois de 1959 fut la promulgation de la Loi de la réforme agraire, le 17 mai, qui fut bénéfique à des centaines de milliers de familles paysannes et qui fixa, entre autres, un maximum de 402 hectares à chaque propriétaire, et, par exception, de 1 340 hectares sur les terres à haut rendement. La loi établissait aussi que les propriétaires concernés seraient indemnisés selon la valeur des biens déclarés au fisc avant la saisie. Fidel Castro fut nommé à la tête du nouvel Institut national de la réforme agraire (INRA). Les grands latifundios d'élevage furent expropriés dès novembre 1959, mais ceux consacrés à la canne à sucre ne le furent qu'à la fin de la campagne sucrière de 1960.

La Loi de la réforme agraire déclencha les contradictions de classe dans la société cubaine et aggrava l'affrontement avec le gouvernement étasunien, démarquant les camps entre partisans et ennemis de la radicalisation de la Révolution. Ces clivages entraînèrent en juin-juillet la sortie du gouvernement du président Urrutia — remplacé par Osvaldo Dorticós Torrado — et de plusieurs ministres représentant des positions de droite, tandis que des trahisons se produisaient dans le secteur militaire.

C'est dans le cadre de cette même évolution que la politique des États-Unis envers Cuba passa rapidement de la tentative de freiner le cours des mesures révolutionnaires à une agression plus directe : ainsi, en octobre 1959, la Central Intelligence Agency (CIA) entreprit de tracer un plan de subversion intégrale contre le gouvernement cubain, qu'elle présenta en janvier 1960 au Conseil de sécurité nationale des États-Unis. Les groupes contre-révolutionnaires commencèrent à proliférer à partir de membres d'associations catholiques et des partis traditionnels.

C'est compte tenu de ce climat, caractérisé par l'augmentation des sabotages, des attaques armées en provenance des USA et des défections, que décision fut prise, le 26 octobre 1959, d'organiser des milices armées parmi la population ; deux jours plus tard, de rétablir les tribunaux révolutionnaires qui avaient cessé de fonctionner au début de l'année ; et, le 20 novembre, de remettre en vigueur la Loi de procédure mambí de 1896, qui incluait la peine capitale et la saisie des biens des condamnés.

Ce processus fut accompagné du renforcement de l'État dans le domaine économique grâce à la création, en mars et avril 1960, de la Junta Central de Planificación (JUCEPLAN) et de Banco para el Comercio Exterior de Cuba. Par ailleurs, une fois la campagne sucrière conclue, les saisies de grands latifundios s'accélérèrent, dont ceux de l'United Fruit Company. Le mois suivant, par suite du conflit ouvert entre les travailleurs qui défendaient la Révolution et les patrons, ou à cause de l'émigration de leurs propriétaires, les principaux journaux de l'opposition et les principales chaînes de télévision furent aussi saisis.

Un autre indice de la radicalisation croissante du gouvernement cubain fut la visite à La Havane, début février 1960, du vice-Premier ministre de l'Union soviétique Anastase Mikoyan, venu inaugurer une exposition de son pays déjà montrée au Mexique et aux USA. Les premières réunions confidentielles avec un envoyé soviétique officieux remontaient à la mi-octobre 1959. À la fin de son séjour, Mikoyan signa le premier accord commercial entre Moscou et La Havane, et les relations diplomatiques entre les deux pays furent renouées le 8 mai 1960.

Dès lors, les activités subversives fomentées par les États-Unis, avec la complicité de la bourgeoisie, des propriétaires terriens et d'autres secteurs cubains aisés s'accrurent notablement. Ainsi, le 4 mars 1960, un cargo français, le La Coubre, chargé d'armes et de munitions achetées par le Gouvernement révolutionnaire en Belgique, fit explosion dans le port de La Havane, causant plus de cent morts et deux cents blessés. Ce sabotage impitoyable coïncida presque avec l'ordre donné par les USA de commencer à entraîner en Amérique centrale des exilés pour envahir l'île. Deux mois plus tard, la Révolution sentit les attaques de la campagne anticommuniste de la hiérarchie catholique et des nombreux prêtres espagnols d'idéologie phalangiste exerçant à Cuba.

Les sabotages à l'industrie sucrière et à d'autres secteurs clefs de l'économie, le soulèvement de bandes armées contre-révolutionnaires et les attentats terroristes augmentèrent de jour en jour, tandis que le gouvernement étasunien cherchait à déstabiliser le Gouvernement révolutionnaire par différents moyens, entre autres en le menaçant de couper les livraisons de pétrole. Le refus des raffineries étrangères de traiter le pétrole soviétique acheté par Cuba après la signature du premier accord commercial avec l'URSS obligea le Gouvernement révolutionnaire à saisir ces sociétés le 28 juin 1960. À titre de représailles, Washington supprima quelques jours après les contingentements d'exportations sucrières dont bénéficiait Cuba sur le marché étasunien, afin de ruiner le pays, si bien que la Révolution nationalisa, du 6 août au 24 octobre 1960, tous les intérêts des USA à Cuba, qui comprenaient des banques, de grandes usines, des mines, des compagnies de téléphone et d'électricité, des chemins de fer et bien d'autres.

Ces mesures furent complétées, le 13 octobre, par la saisie d'autres grandes sociétés étrangères non étasuniennes et des principaux biens de la bourgeoisie cubaine qui avait passé avec armes et bagages du côté de la contre-révolution et des États-Unis, ce qui mit aux mains de l'État toutes les sociétés nationales et étrangères employant plus de vingt-cinq personnes. Le 19 octobre, les USA avaient interdit le commerce avec Cuba. Presque simultanément, le Gouvernement révolutionnaire promulgua la

Loi de la réforme urbaine qui permit aux locataires de maisons et d'appartements d'en devenir propriétaires.

Le harcèlement des États-Unis s'exprima aussi dans l'arène internationale à travers l'Organisation des États américains (OEA). Celle-ci ayant adopté des accords contre Cuba à une Réunion des ministres des Affaires étrangères tenue au Costa Rica, la Révolution riposta le 2 septembre 1960 en adoptant, durant un énorme meeting, la Première Déclaration de La Havane et en nouant des relations diplomatiques avec la République populaire de Chine.

De nouveaux ministères, institutions et entreprises furent créés dans les premiers mois de 1961 afin de gérer un secteur public qui avait énormément gonflé, et d'autres disparurent. Il fallait en effet concevoir à nouveau et restructurer l'ensemble de l'économie et du commerce extérieur de Cuba, une île habituée à tout faire venir des États-Unis. Les marchandises devaient arriver maintenant de bien plus loin et sur de grands cargos. Il fallait aussi réadapter l'industrie aux matières premières et aux pièces détachées soviétiques qui allaient remplacer celles en provenance des USA. Dès 1961, l'URSS occupa la première place dans le commerce extérieur cubain (plus de 45 p. 100).

La première étape de la Révolution, grosse d'événements et caractérisée par une radicalisation idéologique vertigineuse, s'accompagna de la création, en 1960, de nouvelles organisations révolutionnaires : Association des Jeunes Rebelles (AJR); Fédération des femmes cubaines (FMC); Comités de défense de la Révolution (CDR), et en 1961 de l'Association nationale des petits agriculteurs (ANAP). C'est dans ce même contexte que vit le jour le Bureau de coordination des activités révolutionnaires, chargé, comme son nom l'indique, de coordonner les travaux du Mouvement du 26-Juillet, du Directoire révolutionnaire 13-Mars et du Parti socialiste populaire.

Entre temps, le conflit avec les États-Unis ne cessait de s'aggraver, comme le prouve le fait que Washington rompit ses relations diplomatiques avec Cuba le 3 janvier 1961. Ce n'était là que le prélude. Le pire allait venir. Le 15 avril 1961, des avions provenant de la force militaire d'exilés cubains organisée et entraînée par la CIA au Guatemala et au Nicaragua, bombardèrent trois aéroports cubains, causant sept morts et une cinquantaine de blessés. Le lendemain, à l'enterrement des victimes, Fidel Castro annonçait au monde que la Révolution cubaine était socialiste.

Le 17, la 2506ᵉ Brigade, formée en sa majorité d'anciens militaires de Batista et de jeunes bourgeois, débarqua dans la baie des Cochons (à Playa Larga et Playa Girón), mais fut écrasée en moins de soixante-douze heures par les miliciens et l'Armée rebelle. Cette défaite de Playa Girón désarticula la contre-révolution interne, car bon nombre de ses membres furent arrêtés et d'autres, découragés, partirent à l'étranger. Par ailleurs, les affrontements avec l'Église catholique s'aggravèrent, et plusieurs centaines de prêtres et de religieux, pour la plupart étrangers, furent expulsés du pays.

Une campagne d'alphabétisation massive se déroula pourtant au milieu de ces conflits et affrontements intenses, et permit d'apprendre à lire et à écrire à 707 000 personnes en moins d'une année, et de réduire le taux d'analphabétisme à 3,9 p. 100 de la population, le plus bas d'Amérique latine. Le 6 juin 1961, l'enseignement privé fut interdit et toutes les écoles privées, laïques ou religieuses, furent saisies.

La construction de l'État socialiste

La caractéristique principale de la période ouvert après la victoire de Playa Girón fut la mise en place d'un État socialiste et la défense de la Révolution face à la subversion menée et fomentée par les États-Unis, aux continuelles agressions paramilitaires depuis l'étranger et les effets du blocus économique et commercial qui devint absolu à partir de février 1962. Cuba fut aussi en butte à l'isolement diplomatique après avoir été expulsée en janvier 1962 de l'OEA, avec la complicité des gouvernements latino-américains, à la seule exception du Mexique, mesure à laquelle la Révolution riposta en adoptant, au cours d'un grand meeting populaire, la Deuxième Déclaration de La Havane.

C'est alors que le gouvernement étasunien élabora l'Opération Mangouste, en vue de provoquer un soulèvement contre-révolutionnaire qui lui servirait de prétexte à une intervention militaire directe. Les actions terroristes et les sabotages de grandes ampleurs organisées par la CIA contre des installations industrielles cubaines provoquèrent la mort de nombreuses personnes et des pertes se chiffrant à des centaines de millions de dollars. Mais l'Opération Mangouste fut interrompue brusquement comme un effet collatéral de la crise des Fusées (octobre 1962), qui mit le monde au bord de la guerre nucléaire.

Cette crise, la plus dangereuse de toute la Guerre froide entre les États-Unis et l'Union soviétique, fut causée par l'installation à Cuba de missiles balistiques soviétiques de portée moyenne, dans le cadre d'un traité signé secrètement en août 1962 entre La Havane et Moscou afin de décourager une intervention militaire directe des États-Unis. Mais les services secrets étasuniens détectèrent les emplacements de missiles, et le président Kennedy exigea, le 22 octobre 1962, leur démantèlement et leur retrait immédiats et décréta le blocus naval de Cuba, ce qui ouvrir la possibilité d'une conflagration nucléaire, mais les Soviétiques finirent par les retirer une semaine après, d'une manière unilatérale. Le Gouvernement révolutionnaire, en désaccord avec ces négociations menées dans son dos, refusa l'inspection du territoire cubain. La crise des Fusées eut pour séquelle la première grosse friction entre Cubains et Soviétiques, mais aussi la promesse verbale des États-Unis qu'ils n'attaqueraient pas l'île.

Les dernières organisations contre-révolutionnaires à Cuba furent désarticulées dans les années qui suivirent la crise des Fusées, tandis que les bandes d'insurgés contre le Gouvernement révolutionnaire, armées et financées par les USA, furent définitivement annihilées dans les mêmes délais. À cette époque, la guerre secrète livrée par les États-Unis contre Cuba diminua d'intensité devant la notoire stabilité cubaine et le large soutien international accordé à la Révolution, fondamentalement de la part des pays socialistes et des nations membres du Mouvement des pays non alignés, sans parler du fait que la guerre contre le Vietnam causait de gros problèmes à Washington.

C'est au milieu de ces événements que les organisations révolutionnaires : Mouvement du 26-Juillet, Directoire étudiant du 13-Mars et Parti socialiste populaire, s'unirent en mai 1961 au sein des Organisations révolutionnaires intégrées (ORI). La plus grande capacité organisationnelle des membres du PSP, de pair avec l'alliance croissante avec l'Union soviétique et l'adoption du socialisme, aboutit à ce que des dirigeants expérimentés de ce parti prissent au sein des ORI et dans des institutions et des organismes une influence disproportionnée par rapport à sa contribution au triomphe de la Révolution.

Un phénomène auquel contribua la politique sectaire du secrétaire des ORI à l'organisation, Aníbal Escalante, du PSP, qui confia la direction d'importants postes administratifs et politiques à des membres de l'ancien parti, jusqu'à sa destitution par Fidel Castro en mars 1962. Les ORI se restructurèrent alors largement pour éliminer les séquelles de ce sectarisme et créer à sa place, en mai 1963, le Parti uni de la révolution socialiste (PURS) de Cuba. À cette époque, l'Association des jeunes rebelles s'était convertie en Union des jeunes communistes (UJC).

L'intégration des organisations révolutionnaires n'échappa pas à des difficultés et à des incompréhensions, comme cela s'était produit en juin 1961 lors d'une réunion des intellectuels à la Bibliothèque nationale, si bien que Fidel Castro avait dû intervenir devant les artistes et dirigeant d'institutions culturelles pour dialoguer avec eux et poser, dans un discours visant à l'unité, les fondements de la politique de la Révolution dans ce domaine : « Dans la Révolution, tout ; contre elle, rien. » L'Union nationale des écrivains et artistes de Cuba (UNEAC) fut fondée en août 1961 sous la présidence du poète Nicolás Guillén.

À cette époque, une grande partie de l'économie nationale était aux mains de l'État, car toutes les industries et une bonne part du commerce avaient été nationalisées en juin 1962, ainsi que 70 p. 100 de l'agriculture, et une seconde Loi de la réforme agraire avait été promulguée en octobre 1962, qui ramenait à soixante-sept hectares le maximum de terre permissible en des mains privées. L'accroissement du secteur public de l'économie s'accompagna d'une certaine diminution de la productivité industrielle et agricole, ce qui, de pair avec les effets du blocus, des mobilisations militaires massives et, surtout, la forte augmentation du pouvoir d'achat de la population, conduisit à la pénurie de nombreux produits. Pour freiner la spéculation, il fallut geler les prix et établir en mars 1962 un rationnement rigoureux de la plupart des articles de première nécessité.

Ce rationnement découlait aussi indirectement de la décision d'assurer la développement économique du pays par une industrialisation rapide, car l'on estimait que l'énorme dépendance du pays envers le sucre était la cause du sous-développement, l'adoption de cette politique ayant été influencée, non seulement par le courant « développementiste » en vigueur alors dans la pensée économique latino-américaine, mais aussi par la nécessité de garantir au plus tôt l'autosuffisance industrielle comme stratégie de survie de la Révolution. Et c'est pour atteindre cet objectif que furent créées de nouvelles institutions étatiques et que fut conçu un plan de développement ambitieux (1962-1965) avec l'aide de l'Union soviétique, de la Chine et d'autres pays socialistes.

Le plan « développementiste » ne donna pas les résultats escomptés et provoqua en revanche la chute de la production sucrière — celle de 1963, de seulement 3,8 millions de tonnes, fut à peine la moitié de celle de 1961 — d'où une diminution sensible des capacités d'importation du pays, notamment en ce qui concernait l'achat de machines et de matières premières destinées à l'industrie en expansion. Le pays fut donc contraint, en juin 1963, de mettre en œuvre une autre stratégie qui insistait de nouveau sur la production sucrière. Le plan d'investissements industriels en 1964 diminua de 18 p. 100 par rapport à l'année précédente. Pour renforcer cette tendance, Cuba et l'URSS signèrent en janvier 1964 le premier accord à long terme — jusqu'en 1970 — qui garantissait des prix stables et un marché croissant au sucre cubain.

Recherche du modèle de socialisme cubain

Des débats publics au sujet du système de direction économique le plus utile au pays, et des discussions sur la question des stimulants moraux ou matériels se déroulèrent parallèlement. La polémique fut déclenchée par Ernesto Che Guevara, ministre des Industries, opposé aux partisans du calcul économique qui, se fondant sur l'expérience de l'URSS et d'autres pays socialistes européens, proposaient un système qui donnerait une certaine autonomie aux entreprises et recourrait aux stimulants matériels pour augmenter la productivité.

Guevara penchait pour l'adoption d'un système budgétisé de financement, car il était très critique de l'expérience de l'Europe de l'Est et de l'URSS qui prétendait édifier le socialisme à partir, selon son expression, des « armes émoussées du capitalisme ». Mais le Che ne put prêcher très longtemps pour ses thèses, car il renonça à son poste de ministre en 1965 pour se consacrer à la lutte révolutionnaire pour la libération d'autres peuples et mourut assassiné par l'armée bolivienne en octobre 1967. Ses propositions finirent toutefois par prévaloir, quoique beaucoup d'elles aient été appliquées d'une manière extrémiste.

C'est ainsi que l'on abandonna les moyens centraux de planification et de contrôle, qu'on méprisa la comptabilité, l'inspection financière et les stimulants matériels dans le but ambitieux d'éliminer totalement les rapports monétaires et commerciaux. La baisse de la productivité qu'entraînèrent nombre de ces mesures obligea alors le pays à recourir à des mobilisations massives de travailleurs bénévoles, en particulier pour des travaux agricoles épuisants, comme le gigantesque plan de semailles dit Ceinturon de La Havane entre 1967 et 1968, et la campagne sucrière de 1970 pour laquelle il fallut mobiliser plus d'un million de personnes.

C'est aussi dans le cadre de cette aspiration à développer un modèle de socialisme cubain que fut lancée, en mars 1968, l' « Offensive révolutionnaire », qui impliqua la confiscation de tous les petits établissements de différentes sortes — restaurants, bars, ateliers de réparations et d'artisanat, vendeur ambulants, vente d'aliments, etc. — soit quelque 58 000, qui représentaient 75 p. 100 du commerce de détail, le secteur privé n'étant plus représenté que dans l'agriculture — à hauteur de 30 p. 100 du total — et dans le secteur du transport. Le travail indépendant fut quasiment éliminé.

Il ne fut pas possible de remédier à la faible productivité et aux indisciplines au travail que favorisèrent nombre des dispositions égalitaristes par des mobilisations massives de travailleurs et d'étudiants volontaires, si bien qu'il fallut recourir parfois à d'autres formules. Par ailleurs, de modernes et confortables internats du secondaire construits à la campagne, qui combinaient les études et les travaux agricoles, commencèrent à fonctionner à partir de novembre 1968, et les mobilisations temporaires de lycéens des villes dans des travaux agricoles, à des fins éducatives se généralisèrent.

Une autre manifestation de la ligne politique visant à la construction d'un modèle de socialisme différent fut, par exemple, en août 1966, la mise en place du Mouvement d'avant-garde qui remplaça dans la pratique la Centrale des travailleurs de Cuba-révolutionnaire (CTC-R). Quelque chose d'approchant se passa avec d'autres organisations de masse, comme la Fédération des étudiants (FEU) et l'Union des élèves du secondaire (UES), dont les principales activités furent assumées par l'Union des jeunes communistes (UJC).

Cette évolution fut précédée par la création du Parti communiste de Cuba (PCC), dont le Comité central et le Bureau politique furent présentés en octobre 1965 à la population. Le Bureau politique était composé des dirigeants historiques de la lutte armée contre Batista. Fin 1967, on révélait au public l'existence d'un petit groupe d'opposants au sein même du PCC, conduit par Aníbal Escalante, un dirigeant du PSP qui était rentré d'Europe de l'Est où il avait été contrainte d'émigrer. Les quelques membres de ce qu'on appela la « micro-fraction », en leur majorité d'anciens militants du PSP, furent arrêtés brièvement début 1968.

Le cinéma, la littérature, les sciences sociales, la musique, le ballet et les arts plastiques — par exemple, l'inauguration en 1967 à La Havane du fameux Salon de mai de Paris

— prenaient parallèlement un grand élan ; différents courants marxistes, dont ceux qui dominaient en Europe de l'Ouest. Se divulguèrent, surtout à travers la revue Pensamiento Crítico de l'Université de La Havane. En janvier 1968, un congrès international de culture réunissant plus de cinq cents délégués se tint à La Havane.

Cette évolution coïncida avec les distances que Cuba avait prises progressivement envers certains aspects de la politique extérieure de l'Union soviétique, le point culminant ayant été atteint fin 1967-début 1968, surtout à cause sa position timorée au sujet de la guerre des États-Unis contre le Vietnam et de son incompréhension du mouvement guérillero qui ébranlait alors l'Amérique latine ; par ailleurs, Cuba refusait de prendre parti dans la querelle sino-soviétique, et adopta une posture constructive de réconciliation entre les deux pays.

En effet, depuis le début des années 60, la Révolution cubaine appuyait les mouvements révolutionnaires armés d'Amérique latine, une politique qu'elle avait proclamée ouvertement dans la Déclaration de Santiago de Cuba, le 26 juillet 1964, quand elle avait averti qu'elle s'estimait en droit de le faire dans les pays qui peaufinaient ou soutenaient des plans d'agressions contre elle. Par ailleurs, en avril 1967, la revue Tricontinental publiait le « Message aux peuples du monde », rédigé par le Che, qui appelait à étendre la guerre révolutionnaire et à créer de nombreux Vietnam.

Ces circonstances expliquent pourquoi le commerce cubain avec d'autres pays socialistes diminua et les transactions avec des nations d'Europe de l'Ouest s'accrurent. Ainsi, l'Espagne devint en 1966 le troisième fournisseur de Cuba. Parallèlement, afin de satisfaire les besoins croissants et les engagements financiers du pays, celui-ci traça un programme visant à produire 10 millions de tonnes de sucre en 1970. L'échec de cette stratégie — bien que les 8,5 millions aient constitué un record historique — de pair avec les changements intervenus dans l'arène internationale — gouvernement de Velasco Alvarado au Pérou (1968-1975), triomphe de l'Unité populaire au Chili (1970-1973), fin de la guerre du Vietnam — et d'autres facteurs entraîna un changement substantiel dans la politique économique cubaine.

6
De l'institutionnalisation
à la période spéciale

L'institutionnalisation de la Révolution

À partir des années 70, compte tenu de la diminution des tensions avec les États-Unis — ce qui n'empêcha pas la contre-révolution basée dans ce pays de faire exploser en plein vol un avion cubain de passagers en octobre 1976, causant soixante-treize morts — le pays put se consacrer, même si les menaces contre lui persistaient, à la création de nouvelles institutions et au développement économique. Les relations avec l'Union soviétique s'amplifièrent d'une manière significative pour remédier aux effets du blocus permanent des États-Unis, de pair avec l'adoption d'un nouveau système de direction de l'économie — à partir des débats du Treizième Congrès de la Centrale des travailleurs de Cuba en novembre 1973 — ce qui assura un rythme de développement vraiment notable. Cuba augmenta aussi l'aide technique qu'elle apportait depuis le début de la Révolution à de nombreux pays et dépêcha des contingents militaires en Angola et en Éthiopie, à la demande des gouvernements respectifs victimes d'invasions étrangères.

Cette période commença par l'abandon progressif de la ligne ouverte dans la seconde moitié de la décennie antérieure, et l'adoption de nombreux éléments du modèle socialiste soviétique. Le redressement économique provoqué par les nouvelles dispositions fut favorisé au départ par une hausse sensible des cours du sucre sur les marchés internationaux : de 3,68 centimes de dollar en 1970 à 29,60 en 1974. De plus, Cuba signa avec l'URSS, en décembre 1972, un important accord aux termes de laquelle cette dernière ajournait à 1986 le remboursement des intérêts et du principal de tous les crédits octroyés à l'île — puis jusqu'au siècle suivant — si bien que les échanges avec l'URSS finiront par représenter dans les années 80 plus de 60 p. 100 de tout le commerce extérieur cubain. La croissance économique atteignit un rythme extraordinaire.

La planification centrale et un budget général furent vite rétablis, et le premier plan quinquennal fut conçu pour les années 1976-1980. Cette nouvelle politique inclut aussi l'adoption de stimulants matériels pour élever la productivité, l'autorisation du travail indépendant, l'achat et la location de logements, l'ouverture de marchés agricoles et de produits industriels, etc. À la fin des années 70 et surtout dans la première moitié des années 80, le niveau de vie des presque dix millions de Cubains s'éleva considérablement : le chômage n'existait pratiquement pas ; le régime alimentaire était sain et équilibré pour toute la population ; 85 p. 100 des logements étaient électrifiés ; 91 p. 100 des foyers possédaient la télévision ; 50 p. 100 des réfrigérateurs ; 59 p. 100 des machines à laver ; 69 p. 100 des ventilateurs. Par ailleurs, le dur travail de la coupe de la canne à sucre devint de plus en plus mécanisé, passant d'à peine 2 p. 100 de la récolte en 1970 à 63 p. 100 en 1988.

La croissance économique notable s'accompagna d'une vaste reproduction du modèle de socialisme soviétique dans de nombreux domaines de la vie, y compris ses séquelles négatives de dogmatisme et d'intolérance. On alla jusqu'à parler dans le domaine intellectuel de « quinquennat gris » par allusion à certaine de ces séquelles entre le Premier Congrès national de l'éducation et de la culture (1971) et la création du ministère de la Culture (1976).

En fait, la Révolution commença vraiment à s'institutionnaliser à partir du Premier Congrès du Parti communiste de Cuba, tenu en décembre 1975. Une nouvelle Constitution de caractère socialiste entra en vigueur après avoir été votée par 95,7 p. 100 des électeurs dans le cadre d'un référendum réalisé le 15 février 1976. Une nouvelle division administrative fut adoptée le 5 juillet 1976 — les provinces passant de six à quatorze — et des élections de délégués aux assemblées municipales, provinciales et nationales se déroulèrent pour la première fois depuis la victoire de la Révolution. Le couronnement de cette institutionnalisation fut l'ouverture, le 2 décembre 1976, de l'Assemblée nationale du pouvoir populaire au cours de laquelle Fidel Castro fut élu président du Conseil d'État et du Conseil des ministres, une poste auquel il fut ratifié à chaque élection jusqu'en 2003.

Le blocus rigoureux des USA fut fugacement allégé par James Carter (1977), bien que les premiers pas dans ce sens aient été faits par son prédécesseur, Gerald Ford, qui avait signé avec Cuba, en février 1973, un accord sur les détournements d'avions — résilié par La Havane à la suite du sabotage de l'avion civil en octobre 1976 — qui avait voté en juillet 1975 à l'Organisation des États américains la levée de certains sanctions contre l'île et qui, en fin de mandat, avait autorisé certaines modifications au blocus, permettant par exemple aux filiales étasuniennes dans des pays tiers de faire des affaires avec Cuba. En mars 1977, Carter leva la prohibition faite aux Étasuniens de se rendre à Cuba ; en avril, il signa un accord de pêche entre les deux pays ; en juin, des sections d'intérêt furent ouvertes à La Havane et à Washington. Cette détente facilita le renouement des relations diplomatiques avec la plupart des nations latino-américaines. En septembre 1979, Cuba organisait le Sixième Sommet du Mouvement des pays non alignés, dont elle prenait la présidence pour trois ans.

C'est dans le cadre de cette détente limitée avec Washington que le gouvernement cubain libéra plus de trois mille prisonniers contre-révolutionnaires, ne maintenant plus en prison que quelques centaines de terroristes, dont il ne restait plus quelques dizaines en 1987. Mais cette tendance à la normalisation des relations avec les États-Unis buta sur un certain nombre de prétextes avancés par ceux-ci : question des droits de l'homme ; relations de Cuba avec l'URSS ; soutien de Cuba aux gouvernements angolais et éthiopien ; soutien de Cuba à la Révolution sandiniste au Nicaragua, au gouvernement de Maurice Bishop sur la petite île de la Grenade, et aux guérillas d'El Salvador et du Guatemala.

Parmi les événements les plus significatifs de ces années-là, on peut citer l'ouverture, en novembre 1978, de conversations entre le gouvernement cubain et l'émigration de Miami qui permirent les premières visites massives de parents en provenance des États-Unis et les événements de l'ambassade du Pérou à La Havane, occupée en avril 1980 par des centaines de personnes qui voulaient abandonner le pays : le gouvernement cubain ouvrit le port de Mariel aux embarcations qui voudraient venir chercher ces Cubains, dont plus de cent vingt mille émigrèrent aux États-Unis en quelques semaines, cette décision unilatérale ayant aggravé une fois de plus les relations entre les deux pays. À la suite de cette crise, Washington et La Havane engagèrent des conversations qui aboutirent, en 1984, à la reprise de l'émigration légale aux USA : un peu plus de sept mille personnes partirent jusqu'en 1990, tandis que les traversées illégales jusqu'en Floride atteignirent leur niveau le plus bas de l'époque révolutionnaire.

L'arrivée à la Maison-Blanche, en 1981, de Ronald Reagan, qui avait proféré des menaces de liquider la Révolution cubaine, mit fin à cette détente toute relative et éphémère entre les deux pays, si bien que le gouvernement cubain dut de nouveau allouer de grosses ressources à la défense du pays et à l'organisation des Milices des troupes territoriales (MTT) dans le cadre d'une nouvelle doctrine militaire défensive appelé la Guerre du peuple tout entier. Malgré ce regain d'hostilité de l'administration étasunienne, qui se manifesta par de grandes manœuvres militaires aux abords de Cuba, les agressions contre-révolutionnaires diminuèrent pourtant durant la longue période d'administrations républicaines (1981-1992), bien que des actions aient été entreprises contre les côtes cubaines ainsi que des attentats terroristes.

Rectification

Vers le milieu des années 80, l'économie cubaine commença à montrer des signes inquiétants, presque au même moment où les relations avec l'URSS se compliquaient en raison de la politique de perestroïka déclenchée par le nouveau dirigeant soviétique, Mikhaïl Gorbatchev. En 1987, les importations de Cuba en provenance des pays capitalistes diminuèrent de moitié, tandis que la croissance économique enregistrait des chiffres négatifs (-3,5 p. 100), ce qui n'était plus arrivé depuis plus de quinze ans. Par ailleurs, le taux de mortalité infantile avait remonté, tandis que le taux de chômage atteignait 6 p. 100, un taux sans précédent depuis le triomphe de la Révolution.

Ces circonstances s'expliquaient, entre autres causes, par la détérioration croissante de la conjoncture économique internationale, par la diminution substantielle des recettes d'exportation et par l'aggravation du déficit commercial, de pair avec des exigences accrues des créanciers — en 1986, Cuba dut suspendre pour la première fois le remboursement de sa dette extérieure envers plus de cent banques étrangères — et avec l'impossibilité d'obtenir de nouveaux crédits et financements de la part des pays socialistes et de l'URSS par suite de la nouvelle politique de Gorbatchev, en violation des engagements économiques que l'URSS avait contractés envers le gouvernement cubain et qui se maintinrent un peu après sa visite à La Havane en avril 1989.

La formule pour faire face à ces problèmes fut rendue publique en avril 1986 durant le Troisième Congrès du Parti communiste de Cuba : la « rectification des erreurs et des tendances négatives » visant à démanteler une partie du système de direction de l'économie — fermetures des marchés paysans ; interdiction de l'achat et vente de logements ; limitation du travail à son compte, entre autres — et d'autres mécanismes fondés sur les stimulants matériels et imités de l'URSS ; critique de l'appel effréné à l'intérêt matériel des individus, de la croissance de la bureaucratie, de l'analyse purement technocratique des problèmes de l'économie et de la société, du gaspillage de ressources, du manque de contrôle de la part de l'État et de la corruption.

Décision fut aussi prise, pour éliminer ces déviations, de recommencer à impulser le travail bénévole et d'autres idées du Che, de relancer les « microbrigades » — créées en 1971, elles groupaient des travailleurs des centres de production et de services mandatés par leur collectivité pour construire des logements — afin de répondre à une politique de gros travaux publics : hôpitaux, crèches et écoles de l'éducation spéciale ; de supprimer certains gratuités indues, d'élever le salaire dans les secteurs aux plus bas revenus, malgré la réduction sensible des recettes en devises (40 p. 100 entre 1985 et 1986) du pays. En dépit de ces mesures, l'économie enregistra une croissance très modeste en 1986, 1988 et 1989, voire de nouveau négative en 1987 et en 1990.

C'est dans ce climat que la Révolution dut faire face à l'un de ses problèmes les plus sérieux : l'arrestation et le procès, à la mi-juin 1989, de plusieurs hauts gradés des Forces armées révolutionnaires et du ministère de l'Intérieur, dont quatre furent condamnés à mort et fusillés en juillet, après avoir été déclarés coupables de corruption et de trafic de drogues. L'action rapide et décidée du gouvernement cubain en l'occurrence eut à voir non seulement avec un problème de morale et de principes, mais aussi avec le danger que ces agissements sur le marché international de la drogue ne servent de prétexte aux États-Unis pour envahir l'île, comme cela devait se passer d'ailleurs à peine quelques mois plus tard quand Washington le fit contre le Panama au motif de la lutte contre le narcotrafic.

La « Période spéciale »

La disparition du socialisme en Europe de l'Est (1989-1990) et la désintégration de l'Union soviétique (1991), de pair avec la recrudescence du blocus économique étasunien, mirent la Révolution face à la conjoncture la plus difficile de son histoire. La perte simultanée de ses marchés, de ses acheteurs et de ses crédits provoquèrent sans préavis une profonde crise économique : les capacités d'importations de Cuba dégringolèrent brutalement de presque huit milliards de dollars par an à moins de deux, tandis que son Produit intérieur brut (PIB) chuta de 40 p. 100.

Pour remédier à cette situation terrible, le gouvernement décida d'appliquer un plan conçu au départ pour les conditions spéciales du temps de guerre qui se proposait, entre autres points, de distribuer équitablement les maigres ressources existantes, et qui impliquait la fermeture des usines, des entreprises publiques et d'autres centres de production et de service — dont des services de transport — pour lesquels le pays ne disposerait pas de matières premières ni des ressources énergétiques indispensables dont le gros était importé d'Europe de l'Est. Ainsi, Cuba dut, en moins de quarante ans, réorienter radicalement et abruptement à deux reprises l'ensemble de son économie. Une fois disparu soudainement l'environnement dans lequel Cuba s'était insérée depuis les années 60, elle dut varier d'une manière draconienne toutes ses relations extérieures et aussi, dans une bonne mesure, son système économique face à un dilemme dramatique : conserver les conquêtes sociales remportées par la Révolution ou se rendre devant le harcèlement étasunien.

En effet, les USA renforcèrent leur blocus : d'abord en octobre 1992, en approuvant la loi Torricelli qui, entre autre mesures punitives, éliminait les autorisations données aux filiales étasuniennes dans des pays tiers de faire du commerce avec Cuba ; puis, en février 1996, en mettant en vigueur la loi Helms-Burton qui, entre autres mesures de rétorsion, permettait aux tribunaux étasuniens de punir les entreprises de pays tiers qui feraient des affaires avec Cuba.

C'est dans cette situation si inattendue que le Quatrième Congrès du Parti communiste de Cuba, qui se réunit en octobre 1991, modifia sensiblement l'équipe dirigeante, accepta l'entrée des croyants dans ses rangs, proposa une réforme constitutionnelle, dont l'élection directe des députés à l'Assemblée nationale du pouvoir populaire, ratifia le parti unique et justifia la nécessité de créer des sociétés mixtes avec le capital étranger. Quelques mois après, la Constitution de 1976 fut amendée, et l'Assemblée nationale fut renouvelée au scrutin direct et secret, ces élections ayant prouvé que, malgré les terribles problèmes économiques, la majorité de la population continuait de défendre le projet socialiste.

Le gouvernement cubain parvint pourtant, même dans les pires circonstances, à préserver les acquis essentiels de la Révolution — par exemple, aucune école ni aucun hôpital ne fut fermé ; la famille continua d'avoir accès à un panier de la ménagère — tandis que l'immense majorité de la population fut contrainte de recourir à différentes formes de résistance qui engendrèrent spontanément les activités les plus dissemblables pour trouver des revenus et régler les nombreux problèmes nés de restrictions drastiques dans le domaine alimentaire, dans le transport, dans la production d'électricité et dans d'autres secteurs essentiels. L'effondrement de nombreux services sociaux et la prolifération du marché noir firent partie des séquelles de la brutale dégradation du niveau de vie de la population cubaine.

Une autre conséquence de cette situation fut l'augmentation des départs illégaux : à l'été 1994, plus de trente-cinq mille personnes abandonnèrent le pays à bord d'embarcations de fortune. Ce vague d'émigration, favorisée par la loi d'Ajustement cubain de 1966, contraignit le gouvernement étasunien à signer en 1994 y 1995 de nouveaux accords migratoires qui ouvrirent de nouveau la porte aux émigrants légaux et qui obligeait l'administration étasunienne à renvoyer à Cuba les personnes interceptées en haute mer. Ce qui explique la diminution des émigrations illégales.

À partir du second semestre de 1993, le gouvernement cubain adopta une série de dispositions visant à impulser le développement des industries touristique et pharmaceutique comme sources principales de ressources extérieures, ainsi que plusieurs réformes conjoncturelles, dont certaines s'écartant du modèle socialiste qui avait caractérisé l'économie cubaine, entre autres l'autorisation du travail à son compte, la libre circulation du dollar et l'ouverture de magasins vendant dans cette monnaie, la mise en coopérative des deux tiers de l'agriculture d'État, avec création des Unités de base de production agricole, la promulgation d'une nouvelle loi des investissements qui ouvrait presque tous les secteurs économiques aux capitaux étrangers, la réouverture des marchés agricoles et des marchés de produits industriels et artisanaux à des prix fixés en fonction de l'offre et de la demande, l'autorisation aux particuliers d'ouvrir des chambres d'hôte destinées aux touristes étrangers.

Ces mesures visaient non seulement à alléger les graves effets de la crise sur la précaire économie familiale, mais aussi à dépasser dans les meilleurs délais possibles les difficiles conditions de la « Période spéciale ».

Ces dispositions eurent sans aucun doute un succès relatif, car elles permirent de sortir des moments les plus critiques, de tirer l'économie du fonds du puits et de relancer peu à peu les secteurs agricoles, industriels et des services. La preuve en est que le PIB enregistra une croissance annuelle, entre 1994 et 1998, de 2,2 p. 100, voire de 6,2 p. 100 en 1999, une année où un million et demi de touristes étrangers arrivèrent à Cuba — contre seulement 200 000 en 1986 — tandis que le nombre de sociétés mixtes augmentait. L'excédent de liquidités aux mains de la population fut réabsorbé graduellement et un équilibre monétaire relatif fut instauré dans le pays ; le peso se revalorisa face au dollar et le déficit budgétaire public fut ramené à des limites acceptables.

Ce bilan économique positif permit d'enregistrer quelques améliorations sensibles dans le domaine social et de relancer la solidarité cubaine avec d'autres nations. Ainsi, il fut possible de maintenir, voire d'améliorer dans certains indices, la qualité de l'éducation et de la santé publique malgré la pénurie de livres et de médicaments, de continuer de réduire la mortalité infantile à 6 décès pour 1 000 naissances vivantes, d'envoyer des centaines de médecins prêter service dans différentes nations du Tiers-monde et d'ouvrir à La Havane l'École latino-américaine de médecine qui a formé à ce jour gratuitement des milliers d'élèves pauvres du sous-continent.

On constata aussi, à partir de 1995, une reprise graduelle de productions traditionnelles, tels le nickel et le tabac, quoique le talon d'Achille restât une production sucrière non rentable, ce qui conduisit, en 2002, à la décision de paralyser définitivement plus de la moitié des sucreries — seules cinquante-quatre opérèrent durant la campagne sucrière de 2008 — qui furent démantelées. L'introduction du dollar dans l'économie et une politique monétaire restrictive – qui conduisit à des diminutions ostensibles du salaire réel pour la majorité de la population – se combinèrent pour entraîner des résultats négatifs, dont l'apparition inévitable d'inégalités notables, ce qui affaiblissait le modèle d'équité social qui caractérisait le socialisme cubain.

Il faut ajouter aux acquis la croissance significative de l'extraction de pétrole et de gaz — à partir de 2003, la quasi-totalité de l'électricité est produite à partir du pétrole national, contre à peine 4 p. 100 en 1990 — de la construction de logements, des industries légère et alimentaire, ainsi qu'une amélioration substantielle des télécommunications (installation de nouveaux services téléphoniques) et des médias (inauguration de nouvelles chaînes de télévision, augmentation des horaires de transmission ; élévation du tirage de journaux et de revues). Il faut aussi signaler une réduction sensible du chômage.

Mais ces rythmes de croissance révélateurs et la montée graduelle de l'efficacité économique ne purent toutefois compenser les retombées négatives accumulées à la suite de très sévères restrictions des années les plus critiques de la « Période spéciale » (1991-1994) ni les mauvais résultats de la production sucrière, dont les dernières campagnes n'ont pu atteindre les deux millions de tonnes de sucre, ni les effets découlant de la dégradation systématique des termes de l'échange, à cause, fondamentalement, de la baisse persistante des cours des produits d'exportation cubains face à la hausse disproportionnée de ceux des carburants et des denrées alimentaires de base.

La Bataille d'idées

Un tournant significatif fut pris à partir du « cas Elián » en novembre 1999 : Elián González, un enfant de six ans, qui avait survécu au naufrage devant les côtes de la Floride au cours duquel sa mère et neuf autres personnes périrent, fut confié à de lointains parents à Miami qui refusèrent, soutenus par la contre-révolution de la Floride, de le rendre à son père resté à La Havane. Celui-ci, qui n'avait pas donné son consentement, entama une longue procédure légale devant la justice de Miami, et reçut le soutien de la population tout entière et du gouvernement cubain. L'enfant fut finalement renvoyé à Cuba le 28 juin 2000. Cet épisode attira l'attention mondiale par ses différentes péripéties, dont l'envoi d'un commando armé de Washington pour arracher l'enfant aux parents qui l'avaient quasiment séquestré.

La campagne pour le retour d'Elián — qui comprit des défilés et de protestations massives de plus d'un million de personnes — fut dirigée personnellement par Fidel Castro et marqua le démarrage d'une offensive politique et idéologique dans divers domaines, qui prit le nom de « Bataille d'idées » dont l'un des terrains fut la culture, caractérisé par une ouverture sans précédents de la création intellectuelle, l'accent ayant été mis sur la défense de l'identité et des valeurs nationales face à l'avancée de la mondialisation néolibérale en provenance de l'extérieur.

Les succès les plus saillants ont peut-être été enregistrés dans le domaine de l'éducation : agrandissements d'écoles, construction de nouvelles classes, diminution de la quantité d'élèves par professeur, universalisation de l'enseignement supérieur par ouverture de collèges universitaires dans chaque commune.

Plus récemment, sous la direction personnelle de Fidel Castro, Cuba s'est lancée dans une « Révolution énergétique », basée sur une production efficace et sur une utilisation plus rationnelle de l'électricité, ce qui a impliqué, entre autres mesures, la substitution d'appareils électroménagers plus modernes et plus économiques aux vieux appareils gros consommateurs.

Bien qu'en fin d'administration, William Clinton ait autorisé Cuba à importer des denrées alimentaires depuis les USA, — des importations qui commencèrent en décembre 2001 sous l'administration Bush qui n'eut pas d'autres solutions que de respecter cet engagement à cause des pressions des agriculteurs étasuniens — les lois Torricelli et Helms-Burton restent en vigueur, compte tenu de l'hostilité permanente envers la Révolution de la Fondation nationale cubano-américaine (FNCA), allié des secteurs conservateurs de la société étasunienne ; Radio Martí et TV Martí, fondées respectivement en mai 1985 et mars 1990 par Washington dans le cadre de la Voix des Amériques, continuent d'émettre illégalement vers Cuba, violant le droit international, sous les auspices de la FNCA ; laquelle a commandité par ailleurs les attentats terroristes perpétrés en juin et septembre 1997 dans des hôtels de La Havane, par des mercenaires embauchés en Amérique centrale.

Le 6 mai 2004, le président George W. Bush annonça de nouvelles dispositions contre Cuba qui comprenaient de dures restrictions aux visites familiales et à l'envoi de fonds familiaux, des mesures auxquelles Cuba riposta par des dispositions, dont le retrait du dollar comme monnaie circulant dans l'île et son remplacement par le peso convertible.

Malgré tant de difficultés et de menaces, la société cubaine des premières années du XXIe siècle — qui, dans le cadre d'un référendum organisé en 2002, amenda la Constitution pour y

insérer un article sur l'irrévocabilité du socialisme à Cuba —
maintient ses aspirations à conserver les conquêtes sociales
fondamentales obtenues par la Révolution depuis plus d'un
demi-siècle. Le socialisme cubain, en dépit de la perte de ses
assises extérieures précédentes et de la guerre obsessionnelle
que lui livrent les États-Unis, est toujours debout grâce
aux racines profondes et solides qu'il a implantées dans le
sentiment du peuple.

La preuve en est le renforcement, ces derniers temps, de
la conscience citoyenne à l'issue du discours extraordinaire
prononcé par Fidel Castro, le 17 décembre 2005, dans le
Grand Amphi de l'Université de La Havane, qui fut le point
de départ d'une grande campagne contre la corruption, qui se
poursuit vigoureusement malgré les problèmes de santé qu'a
souffert le chef de la Révolution cubaine : après être intervenu
à deux reprises dans deux villes différentes, en 2006, pour
l'anniversaire du 26 juillet, il a dû être opéré d'urgence et céder
à titre provisoire ses responsabilités au premier vice-président
du Conseil d'État, Raúl Castro Ruz, conformément aux clauses
de la Constitution.

Par la suite, le 24 février 2008, Raúl Castro fut élu par
l'Assemblée nationale pour occuper définitivement ces
responsabilités. À partir de là, le gouvernement cubain a adopté
un train de mesures indispensables dans le cadre de la stratégie
mise au point pour consolider le socialisme cubain, dont la
remise de terres en friche à des producteurs individuels à titre
d'usufruit et une nouvelle Loi de sécurité sociale. C'est sous sa
conduite que le pays a dû, à la fin de cette année, entreprendre
de gros efforts pour se relever des graves désastres causés par
les cyclones Gustav, Ike et Paloma, sans renoncer pour autant à
la recherche d'un modèle de socialisme renouvelé à même de
préserver la souveraineté nationale face à l'hostilité permanente
des États-Unis, comme l'a exprimé le général Raúl Castro dans
son discours prononcé à Camagüey le 26 juillet 2007.

C'est à juste titre que Fidel Castro a affirmé, à son discours de clôture de la quatrième session de la sixième législature de l'Assemblée nationale du pouvoir populaire, le 24 décembre 2004, que le pays était en train de sortir graduellement de la « Période spéciale » et d'entrer dans une nouvelle étape de son histoire, non seulement en vertu de la formation toujours meilleure de sa population et des progrès scientifiques faits en matière de santé, mais aussi grâce aux vastes accords de coopération signés avec la République populaire de Chine et la République bolivarienne du Venezuela, des accords visant dans ce dernier cas à renforcer l'Alliance bolivarienne des peuples de Notre Amérique (ALBA) qui se fonde sur le rêve d'intégration de Simón Bolívar et de José Martí.

Bibliographie

Arboleya Cervera, Jesús. *La contrarrevolución cubana*, La Havane, Editorial de Ciencias Sociales, 1997.

Armas, Ramón de; Francisco López Segrera; et Germán Sánchez Otero. *Los partidos políticos en Cuba neocolonial 1899-1952*, La Havane, Editorial de Ciencias Sociales, 1985.

Buch, Luis. *Gobierno Revolucionario Cubano: génesis y primeros pasos*, Havana, Editorial de Ciencias Sociales, 1999.

Cantón, José. *Historia de Cuba. El desafío del yugo y la estrella*, La Havane, Editorial SI-MAR, S.A., 1996.

Centre d'Etudes sur José Martí. *José Martí. Obras Escogidas en tres tomos*, La Havane, Editorial de Ciencias Sociales, 1992.

Guerra Vilaboy, Sergio, et Alejo Maldonado Gallardo. *Historia de la Revolución Cubana. Síntesis y comentario*, Quito, Ediciones La Tierra, 2005.

Ibarra, Jorge. Cuba 1898-1921. *Partidos políticos y clases sociales*, La Havane, Editorial de Ciencias Sociales, 1992.

Institut d'Histoire de Cuba. *Historia de Cuba*, 3 vols., La Havane, Editora Política, 1994-98.

Le Riverend, Julio. *La república. Dependencia y revolución*, La Havane, Instituto Cubano del Libro, 1969.

López, Francisca. *Cuba entre la reforma y la revolución*. 1925-1933, La Havane, Editorial Félix Varela, 2007.

López, Francisca; Oscar Loyola; et Arnaldo Silva. *Cuba y su historia*, La Havane, Editorial Gente Nueva, 2005.

Morales, Mario. *La frustración nacional-reformista en la Cuba republicana*, La Havane, Editora Política, 1997.

Moreno Fraginals, Manuel. *El ingenio. Complejo económico-social cubano del azúcar*, 3 vols., La Havane, Editorial de Ciencias Sociales, 1978.

Pérez Guzmán, Francisco; Rolando Zulueta; et Yolanda Díaz. *Guerra de Independencia 1895-1898*, La Havane, Editorial de Ciencias Sociales, 1998.

Pichardo, Hortensia. *Documentos para el estudio de la historia de Cuba*, 5 vols., La Havane, Editorial de Ciencias Sociales, 1969-80.

Rodríguez, Pedro Pablo. *De las dos Américas. Aproximaciones al pensamiento martiano*, La Havane, Centro de Estudios Martianos, 2002.

Sorhegui, Arturo. *La Habana en el Mediterráneo americano*, La Havane, Ediciones Imagen Contemporánea, 2007.

Toro, Carlos del. *La alta burguesía cubana*, La Havane, Editorial de Ciencias Sociales, 2003.

Torres, Eduardo, et Oscar Loyola. *Historia de Cuba 1492-1898. Formación y liberación de la nación*, La Havane, Editorial Pueblo y Educación, 2001.

Zanetti, Oscar. *Las manos en el dulce. Estado e intereses en la regulación de la industria azucarera cubana*, 1926-1937, La Havane, Editorial de Ciencias Sociales, 2004.

ocean sur

une maison d'édition latino-américai

www.oceansur.com • info@oceansur.c

Ocean Sur est une maison d'édition latino-américaine qui donne à lire la pensée révolutionnaire d'Amérique latine de tous les temps. S'inspirant de la diversité ethnique, culturelle et sexo-spécifique, des luttes pour la souveraineté nationale et de l'esprit anti-impérialiste, elle a développé pendant cinq ans de nombreuses lignes pour faire connaître les revendications et les projets de transformation sociale de Notre Amérique.

Son catalogue de publications offre des textes sur la théorie politique et philosophique de la gauche, l'histoire des peuples latino-américains, l'évolution des mouvements sociaux et la conjoncture politique internationale.

Le lecteur peut accéder à un vaste répertoire de livres et de brochures qui font partie de collections comme Proyecto Editorial Che Guevara, Fidel Castro, Revolución Cubana, Contexto Latinoamericano, Biblioteca Marxista, Vidas Rebeldes, Historias desde abajo, Roque Dalton, Voces del Sur, La otra historia de América Latina et Pensamiento Socialista, qui stimulent le débat d'idées comme paradigme libérateur de l'humanité.

Ocean Sur est un lieu de rencontres.